분양 마케팅의 神

투자자는 읽으면 안 되고, 마케터는 꼭 읽어야 하는

분양 마케팅의 神

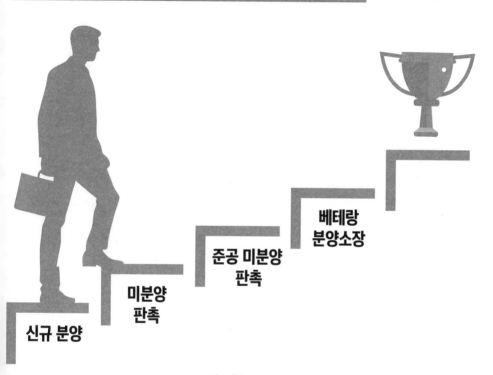

신규 분양

미분양
판촉

준공 미분양
판촉

베테랑
분양소장

권소혁 지음

두드림미디어

필자는 건설회사에서 2007년부터 약 15년간 분양, 임대 업무를 하고 있다. 순환 보직으로 임대주택 사업 수주, 사업관리 등 다른 업무를 수행하기도 했지만, 가장 오래 맡았던 주된 업무는 분양 및 임대 관련 업무였다.

분양시장은 호황기와 불황기가 반복하고 있다. 2008년 금융위기 여파로 분양시장이 침체했던 시기에는 전국적으로 미분양이 급증하고, 수요는 관망세를 보이면서 사업 주체는 각종 마케팅 전략과 판촉을 시행했다. 그러나 그 후 호황기가 찾아오자 분양받으려는 수요자가 줄을 서는 상황이 연출되면서 청약 당첨자(정당 당첨자, 예비 입주자)로 분양이 100% 마감되는 시기가 왔다. 그 시기에는 마케팅 전략이 불필요했다. 문만 열면 완판이었기 때문이다.

그러다 2019년 코로나19 팬데믹의 영향으로 세계적으로 경기침체가 심각해지면서 분양시장은 다시 불황기를 맞이했다. 약 7~8년 만에 찾아온 불황은 분양소장과 본사 분양업무 담당자에게 시련을 안겨주었다. 그러나 과거 불황기를 경험한 분양소장과 본사 담당자는 소수이고, 호황기만 경험한 분양소장과 본사 담당자가 많다. 불황기에 미분양을 소진하기 위한 판촉은 경험이 부족하면 시행착오를 경험하게 되고, 그 과정에서 비용이 발생한다. 판촉은 적절한 타이밍과 적정 수준의 판촉이 생명인데, 경험이 부족하면 우왕좌왕하면서 시기도 놓치고, 비용만 소모하는 상황을 초래할 수 있다.

최근 분양시장은 극심한 양극화를 보이고 있다. 서울을 중심으로 수도권은 침체기를 벗어나서 회복세로 전환했다. 최근 서울의 공급 물량 부족에 따른 2025년 이후 서울의 입주 대란을 우려하는 전망이 많다. 투자자는 발 빠르게 움직이기 시작했고, 정부의 대출 규제(주택담보대출 규제 강화, Stress DSR 2단계 시행 등) 강화로 시세 상승 속도를 줄이긴 했지만, 조만간 다시 상승세가 나타날 것으로 예상된다. 서울의 시세 상승은 서울에 인접한 수도권 지역부터 연쇄적인 시세 상승으로 이어진다.

비수도권은 침체가 계속되고 있다. 그러나 정부의 주택 정책은 항상 서울과 수도권을 기준으로 수립하기 때문에, 2023년까지는 주택시장 부양을 위한 규제 완화였지만, 2024년에는 주택시장 과열 방지를 위해서 규제 강화로 전환하고 있다. 가계대출 규모가 너무 많다는 점을 근거로 대출 규제를 통해 '갭 투자'와 '영끌 투자'를 억제하려 하고 있다.

비수도권은 과연 언제 회복할 수 있을까? 쉽게 장담하기 어렵다. 그 이유는 비수도권 분양시장이 한국의 초고령화 사회 진입, 인구 감소, 지방 소멸 이슈에 직접적인 영향을 받기 때문이다.

한국은 2000년에 고령화 사회 진입, 2018년에 초고령화 사회 진입, 2025년에 초고령 사회에 진입한다. 고령화 사회에서 초고령 사회까지 총 25년밖에 걸리지 않는다. 한국보다 먼저 초고령 사회에 진입한 나라들보다 훨씬 빠른 속도다. 일본이 36년, 프랑스가 155년, 이탈리아가 82년 걸렸다. 초고령 사회에 진입하면 경제활동 인구가 비수도권에서 수도권으로 사회적 이동을 더 빠르게 함으로써 비수도권 지역의 노인 인구 비율이 더 높아질 것이다.

　통계청의 '장래인구추계'에 따르면, 전국 인구는 2022년부터 감소하고 있고, 수도권 인구는 2036년부터 감소할 예정이다. 전국 인구는 감소하는 데 반해 수도권 인구는 증가하는 만큼 비수도권의 인구 감소 폭이 크다. 이는 비수도권의 지방 소멸을 더욱 가속할 것이다.

　결국, 비수도권은 인구 감소에 따른 행정 기능 약화, 빈집 증가 등의 문제가 발생하고, 분양시장은 회복하기 더욱 어려워질 것이다. 앞으로는 지방 미분양을 판매하기가 더욱 어려워질 것이기에 공급이 부족한 지역이 아니면 신규 분양에 신중해야 한다.

　물론, 정부와 지방자치단체에서 지방 소멸을 방지하기 위해 노력하고 있다. ① 공공기관, 기업의 지방 이전, ② 은퇴자의 지방 이주·정주 촉진, ③ 아동과 여성, 청년의 지방 이주·정주 촉진, ④ 생활 인구를 통한 지역 활력 증진 등이다. 그러나 쉬운 일이 아니다.

　이 책은 분양시장이 어려웠던 시기를 경험하지 못한 많은 분양소장, 본사 담당자에게 분양 마케팅에서 꼭 알아야 할 사항과 필자가 직접 경험하고 진행했던 마케팅 판촉 사례를 중심으로 기술했다. 이 책을 정독

함으로써 간접적으로라도 경험해 불필요한 시행착오를 최소화하길 바라는 마음으로 집필했다. 그런 이유로 분양시장 호황기는 시기적으로 내용에 공백이 있음을 양해해주길 바란다.

미분양 판매로 매일 스트레스받고 있는 분양소장, 본사 담당자에게 도움이 되길 바라며….

- 권소혁

차례

2. 판매 촉진 전략

조직 분양 영업 및 MGM 영업

PART 03 광고 홍보 활용법

1. 광고 매체 선정

2. 상황별 광고안 차별화

PART
01

분양 마케팅 판촉

01

분양 마케팅의 이해

CASE
01

분양시장 불황기에는
마케팅 활동이 중요하다

미국의 경영학자 피터 드러커(Peter Ferdinand Drucke)는 저서《매니지먼트》에서 "The aim of marketing is to make selling superfluous"라고 말했다. "이상적인 마케팅은 판매를 불필요하게 만드는 것이다"로 해석할 수 있는데, 이 말의 의미는 '마케팅은 단순히 제품을 판매하는 활동이 아니라, 고객의 필요를 예측하고 충족시키는 전략적 활동이다. 이상적인 마케팅은 고객이 제품을 자연스럽게 선택하게 만들어서, 판매를 위한 별도의 노력이 필요하지 않도록 하는 것이다'라고 할 수 있다.

이상적인 마케팅에서 강조하는 점은 다섯 가지다.

① 고객 중심의 접근

이상적인 마케팅은 고객의 필요와 욕구를 깊이 이해하고, 이를 충족시키는 제품이나 서비스를 제공하는 것을 목표로 한다. 고객이 원하는 것을 정확히 제공함으로써, 고객은 자연스럽게 제품이나 서비스를 선택하게 된다. 이 경우, 판매를 위한 노력이 거의 필요 없다.

② 제품과 서비스의 차별화

마케팅은 제품이나 서비스의 독특한 가치를 명확히 전달하고, 경쟁 제품과의 차별화를 통해 고객의 선택을 유도한다. 고객이 제품의 가치를 명확히 인식하고, 그 가치가 필요하게 되면, 판매 활동의 필요성은 줄어든다.

③ 브랜드 신뢰와 충성도 구축

마케팅은 브랜드의 신뢰성과 이미지를 구축하는 데 중요한 역할을 한다. 고객이 브랜드에 대한 신뢰와 충성도를 가지게 되면, 제품을 구매하는 과정에서 별도의 설득이나 판매하기 위한 노력이 필요하지 않다.

④ 고객 경험의 최적화

마케팅은 고객이 제품이나 서비스를 사용하는 모든 접점에서 긍정적인 경험을 제공하는 것을 목표로 한다. 고객 경험이 최적화되면, 고객은 자연스럽게 제품을 구매, 혹은 재구매하거나 다른 사람에게 추천하게 된다.

⑤ 시장 조사와 데이터 활용

마케팅은 시장 조사와 데이터를 활용해 고객의 행동과 선호도를 분석하고, 이를 바탕으로 전략을 수립한다. 고객의 요구를 정확히 파악하고, 이를 충족시키는 제품을 제공하면, 판매 활동의 필요성이 줄어든다.

고객의 니즈를 반영하고 경쟁사 제품과 차별성이 커서 고객의 충성도가 높은 제품을 만들면 이상적인 마케팅이 구현될 수도 있다. 그러나 고객의 니즈는 변하고 시장 상황도 변한다. 이상과 현실은 괴리감이 생길 수밖에 없다.

아파트는 주거를 위해 꼭 필요하지만, 투자 자산의 성격도 가지고 있는 점에서 일반적인 상품과 다르다. 이런 점에서 아파트 분양 마케팅도 일반적인 상품 마케팅과 차이가 있다. 분양시장이 호황일 때는 매매 시세가 상승하고, 신규 분양 아파트도 가격 상승을 기대할 수 있다. 고객은 가격 상승 가능성에 집중해서 투자 대상을 직접 찾아다닌다. 알아서 고객이 찾아오기 때문에 입주자 모집공고만 내면 청약 당첨자(예비입주자 포함) 계약으로 100% 분양 완료할 수 있다.

그러나 분양시장이 불황일 때는 매매 시세가 하락하고 신규 분양 아파트도 향후 가격 하락 가능성이 있다. 고객은 관망세로 돌아선다. 이때 진정한 마케팅이 필요하다.

> ✅ 이상적인 마케팅에 가까운 것은 애플의 아이폰, 아이패드 정도일 것이다. 아파트에서는 브랜드 선호도 차이가 있지만, 상품 자체는 상향 평준화가 되어 큰 차이가 없다. 결국 투자 의사 결정에서는 입지와 분양가를 고려할 때, 향후 가격 상승 가능성이 얼마나 있느냐가 핵심이다. 마케팅은 분양시장의 불황기에 향후 가격 상승 가능성을 잘 전달해서 고객이 공감하고 계약체결로 행동에 옮기게 하는 것이다.

초기 분양률은 시장 상황, 입지, 상품, 분양가에 따라 결정된다

분양소장, 분양 담당자, 분양대행사 인력이 모두 경험 많은 베테랑이면, 초기 분양률을 월등히 높일 수 있을까?

결론부터 말하면, 아무리 경험이 많고 뛰어난 인력들이 모여서 진행하더라도 초기 분양률에 미치는 영향은 10% 이하다. 분양률은 시장 상황, 입지, 상품, 분양가에 따라 결정된다. 아무리 초보 분양소장이고, 경험이 부족한 신생 분양대행사라고 하더라도 분양시장이 호황이거나 입지가 우수하고, 분양가가 저렴하면 고객이 알아서 찾아온다.

반면, 분양시장이 불황이면 누가 분양해도 어렵다. 물론 경험이 많은 베테랑 분양소장은 사전 영업부터 붐업을 잘 조성하고, 광고 홍보를 효율적으로 집행하는 등 원활하고 효과적으로 할 수는 있다. 경험이 풍부하면 시행착오를 최소화할 수 있으므로 불필요한 비용 집행을 하지 않고, 업무를 효율적으로 할 수 있다는 점이 경험이 적은 분양소장과의 차별성이다.

베테랑과 초보 분양소장의 실적 차이는 분양시장이 불황일 때, 초기 분양보다 미분양 판매에서 나타난다. 초기 분양률은 주택법과 주택공급에 관한 규칙에 정해진 대로 청약 절차를 진행해야 한다. 분양소장은 현장의 장점을 극대화하기 위해서 셀링포인트를 정하고, 고객에게 노출성이 높은 매체를 적극적으로 활용해서 홍보함으로써 청약률과 계약률을 높일 수 있다.

그러나 입지, 상품, 브랜드, 분양가에 따라 고객의 반응은 이미 결정되어 있다. 따라서 분양소장의 노력을 통해 극복할 수 있는 범위에는 한계가 있다. 너무 고분양 단지는 마케팅 전략과 영업력으로도 극복할 수 없다. 그때는 고객을 설득할 수 있을 정도로 판촉 조건을 변경해야 한다. 계약률이 저조한 원인을 분석하고, 지역에서 효과가 있는 판촉을 검토하며, 경쟁사 판촉을 참고하면서 최적의 판촉을 도출해내는 능력에서 차이가 크다. 어느 정도로 강력한 판촉을 적용할 것인지, 그 적절한 시기는 언제인지에 따라 실적은 달라질 수 있다.

효과가 작은 판촉을 반복적으로 시행하면, 고객은 학습 효과가 생겨서 판촉을 시행해도 실적이 미미하게 된다. 다음 판촉을 기다리기 때문이다. 반대로 너무 강력한 판촉을 시행하면, 과도한 비용이 발생해서 사업 수지가 나빠진다. 빨리 분양률을 높일 수 있지만, 고생만 하고 남는 게 없을 수 있다. 판촉은 적절한 시기에 적절한 강도를 시행하는 것이 중요한데, 그것을 찾는 것이 어렵다. 경험이 많은 베테랑 분양소장은 초보 분양소장보다 적절한 판촉을 빨리 찾을 가능성이 크다.

따라서 분양이 어려운 현장에는 경험이 많은 베테랑 분양소장을 배치하고, 분양이 다소 수월한 현장에는 경험이 적은 분양소장을 배치하는 경향이 있다. 베테랑 분양소장이라고 할 수 있을 정도가 되기 위해서는 특히 분양시장 불황기에 분양소장으로 근무하면서 미분양 판매를 경험했느냐가 중요하다. 최근 20년을 돌이켜보면 수도권보다 비수도권의 분양시장의 불황이 심각했고, 앞으로도 수도권과 비수도권의 분양시장 양극화 현상은 심각해질 것이다.

> ☑ 분양이 어려운 현장에 베테랑 분양소장을 배치해서 분양률을 높여야 한다. 그러나 분양소장의 역량으로 분양률을 높이는 것에도 한계가 있다. 시행착오를 최소화하고, 최소 비용으로 최대 효과를 낼 수 있도록 적절한 미분양 판촉을 마련하는 것이 최선이다. 적절한 미분양 판촉을 시행하면 100% 분양 완료 시기를 앞당길 수 있다.

CASE
03

고객의 구매 결정 과정을
이해해야 한다

미국의 경제학자 새뮤얼 롤랜드 홀(Samuel Roland Hall)은 AIDMA 모델을 통해 고객이 구매 결정을 내리는 과정을 단계별로 설명하면서, 각 단계에서 고객이 어떤 심리적 과정을 거치는지를 분석했다. 그 후 인터넷으로 직접 정보를 검색하고 공유하는 고객이 늘어남에 따라 발전된 모델로 AISAS 모델이 생겼고, 최근에는 소셜미디어의 발달에 따라 SIPS 모델이 등장했다. 각 모델의 기본은 AIDMA 모델이며, 전체적인 내용은 비슷하다. 분양 마케팅에서는 AISAS 모델이 적합하다고 생각한다.

1. AIDMA 모델

① Attention(주의)

고객이 제품이나 서비스에 대한 정보를 처음으로 접하게 되는 단계로서, 광고, 홍보, 입소문 등 다양한 방법을 통해 고객의 주의를 끌어야 한다.

② Interest(흥미)

주의를 끌었다면, 고객의 흥미를 유발해야 한다. 제품이나 서비스의 특징, 장점, 혜택 등을 강조해 고객이 더 많은 정보를 알고 싶어 하도록 유도한다. 이 단계에서는 고객이 제품에 대해 더 깊이 탐구하고자 하는 욕구를 자극하는 것이 중요하다.

③ Desire(욕구)

흥미가 생긴 고객은 제품이나 서비스를 갖고자 하는 욕구를 느끼게 된다. 제품의 가치와 필요성을 강조해 고객이 실제로 구매하고 싶게 만들어야 한다. 이 단계에서는 제품의 유용성, 품질, 가격 대비 가치 등을 강조하는 것이 효과적이다.

④ Memory(기억)

고객이 제품이나 서비스에 대한 정보를 기억하는 단계다. 광고 메시지나 브랜드 이미지가 고객의 기억 속에 남아야 한다. 이 단계에서는 반복적인 광고 노출이나 강렬한 메시지를 통해 고객의 기억에 남도록 하는 것이 중요하다.

⑤ Action(행동)

마지막으로, 고객은 실제로 제품을 구매하거나 서비스 이용을 결정한다. 이 단계에서는 구매를 촉진하기 위한 다양한 마케팅 전략이 필요하다. 할인, 프로모션 등이 있다.

2. AISAS 모델

① Attention(주의)

고객이 브랜드나 제품에 처음 관심을 가지게 되는 단계다. 효과적인 광고나 캠페인이 필요하며, 시각적으로 매력적이거나 감정적으로 호소하는 콘텐츠를 통해 고객의 주의를 끌어야 한다. 긍정적인 첫인상이 중요하다.

② Interest(흥미)

고객이 제품에 대한 흥미를 느끼는 단계다. 이때 추가 정보를 찾고자 하는 욕구가 생기므로, 제품의 장점이나 특징을 강조하는 콘텐츠를 제공해 고객의 흥미를 계속 유도해야 한다. 이때 브랜드나 제품에 대한 긍정적인 감정이 형성될 수 있다.

③ Search(검색)

고객은 다양한 정보 소스를 통해 제품을 비교하고 평가하는 단계다. 이 과정은 구매 결정을 크게 좌우한다. 다양한 옵션을 비교하면서 불안감이나 혼란이 발생할 수 있으므로, 검색 엔진 최적화를 통해 고객이 검색할 때 쉽게 발견되도록 하고, 유용한 정보와 리뷰를 제공해야 한다.

④ Action(행동)

고객이 결정을 내려서 실제 구매로 이어지는 단계다. 이때 신뢰감과 확신이 중요한 역할을 하며, 긍정적인 경험은 향후 재구매로 이어질 수 있어서 매우 중요하다. 간편한 구매 프로세스와 신뢰할 수 있는 결제 시스템을 제공해 고객이 쉽게 구매하도록 유도해야 한다.

⑤ Share(공유)

고객이 구매 후 경험을 다른 사람과 공유함으로써, 브랜드에 대한 신뢰와 인지도를 높이는 역할을 하는 단계다. 고객은 본인의 경험에 대한 자부심이나 만족감을 느끼므로, 고객이 쉽게 리뷰를 남기거나 소셜미디어에 공유할 수 있도록 장려하는 활동이 필요하다.

> ☑ 고객이 행동(계약체결)으로 결정할 때까지 영업직원들의 노력이 필요하다. 특히, 2단계 흥미 또는 도움 단계에서 4~5단계 행동 또는 공유 단계로 이어지는 과정을 얼마나 단축하느냐가 관건이다. '장고(長考) 끝에 악수(惡手) 둔다'라는 말이 있듯이, 오래 고민하면 현재 상태에 안주하려고 하는 경향이 있어서 계약체결에 실패할 확률이 높아진다.

3. SIPS 모델

① Sympathy(공감)

고객이 브랜드나 제품에 대해 감정적으로 연결될 때, 긍정적인 인식이 형성된다. 이 단계에서 고객은 브랜드의 가치와 메시지에 공감하게 되고, 신뢰감을 느낀다. 브랜드가 사회적 이슈에 대한 메시지를 제시하거나, 고객의 이야기를 진정성 있게 공유할 때 고객은 브랜드에 대한 애착을 느낄 수 있다.

② Identification(확인)

고객은 제품이나 브랜드가 자신의 필요와 욕구를 충족시킬 수 있음을 확인한다. 이 단계에서 고객은 정보를 비교하고, 브랜드에 대한 신뢰를 구축하게 된다. 제품 리뷰, 비교 사이트, 사용자 경험 등을 통해 고객은 브랜드의 신뢰성을 확인하고, 구매 결정을 위한 긍정적인 기초를 마련한다.

③ Participation(참가)

고객은 브랜드와의 상호작용을 통해 더 깊은 관계를 형성하게 된다. 이 단계에서 고객은 브랜드의 커뮤니티에 참여하거나, 이벤트에 참여함으로써 브랜드에 대한 소속감을 느낀다. 브랜드의 소셜미디어 캠페인에 참여하거나, 제품 체험 행사에 참석함으로써 고객은 브랜드와의 관계를 더욱 강화한다.

④ Sharing(공유 확산)

고객은 본인의 경험을 다른 사람과 공유하게 되며, 이 과정에서 브랜드에 대한 긍정적인 인식을 확산시킨다. 고객의 경험은 다른 고객에게도 영향을 미쳐 신규 고객 유치에 도움이 된다. 소셜미디어에서 제품 후기를 남기거나 친구에게 추천함으로써, 고객은 자발적으로 브랜드의 홍보자가 된다.

CASE
04

판매와 영업의 차이를
알아야 한다

일반적으로 판매는 매장을 찾아온 고객에게 제품과 서비스를 소개하고 판매하는 것, 영업은 영업사원이 직접 발로 뛰어가며 제품과 서비스를 고객에게 소개하고 판매하는 것으로 정의한다.

아파트 분양에 이를 적용하면, 판매는 광고 홍보를 통해서 분양 정보를 제공하면 관심이 있는 고객이 스스로 전화해서 상담받거나 모델하우스에 방문해서 상담받는다. 이런 과정을 통해서 계약을 체결하는 것이다. 반면, 영업은 영업직원이 고객이 있는 장소를 찾아가거나 전화상담을 통해서 직접 고객을 발굴해 계약을 체결하는 것이다.

판매는 사전 영업 기간에 광고 홍보를 통해서 청약 일정과 셀링포인트 등 정보를 널리 알리면, 관심이 있는 고객이 전화로 문의한다. CRM 프로그램을 활용해서 고객의 관심 평형, 1순위 청약 통장 유무 등을 파악한 후, 선착순 때 방문을 유도해서 계약을 체결한다. 본 영업과 사후 영업 때도 광고 홍보를 계속해서 고객을 발굴한다.

영업은 사전 영업 기간에 거점 영업하면서 설문지나 경품 응모권을 통해서 관심 고객의 명단을 확보하는 방법과 조직 분양 영업에서 영업직원이 기존에 보유하고 있는 고객 명단을 활용해서 계약을 체결하는 방법이 있다.

미분양 판매 시기에 데스크 분양은 주로 광고 홍보를 통해서 관심 고객의 방문을 유도하고, 방문 고객에게 상품의 장점을 잘 설명해서 계약을 체결함으로써 판매한다. 조직 분양 영업은 영업직원들이 본인의 기존 고객 또는 개인 블로그와 같은 소셜미디어를 활용해서 신규 고객을 발굴해서 상담하고, 계약을 체결하는 방식으로 영업한다. 모델하우스를 방문하는 워킹(Walking) 고객을 상담해 계약하면 '판매'를, 지명 고객을 상담해서 계약하면 '영업'을 했다고 이해할 수 있다.

> ✅ 분양시장 호황기에는 광고 홍보를 통한 판매만으로 충분해서 영업활동이 불필요하다. 그러나 분양시장 불황기에는 판매만으로는 부족하고 적극적인 영업활동이 필요하다. 조직 분양 영업이 불황기에 반복해서 주목받는 이유다.

CASE
05

단점을 보완하는 것보다 강점을 극대화하는 것이 더 중요하다

아파트의 경쟁력을 판단하는 기준에는 크게 세 가지가 있다. 입지, 가격, 상품으로, 입지가 좋고, 가격도 적정하며, 상품이 우수하면 마케팅 활동을 할 필요가 없다. 고객은 서로 계약하려고 몰려들어서 청약률도 높고, 청약 당첨자와 예비 입주자에서 100% 분양 완료할 수 있기 때문이다. 그러나 입지와 상품이 훌륭해도 가격이 비싼 단지가 많고, 입지는 다소 떨어지지만, 가격 경쟁력이 있는 단지도 있다. 세 가지 기준 모두 장점인 단지는 많지 않다.

입지, 가격, 상품 중에 단점이 하나 이상 있는 단지는 마케팅 활동이 필요하다.

먼저, 입지를 알아보자.

입지는 교통, 교육, 편의성, 쾌적성 등이 있는데, 가장 중요한 요인은 교통과 교육이다. 주상복합 단지는 상업지역에 위치해서 역세권 단지가 많지만, 초등학교 통학은 불편한 단지가 있다. 학교가 너무 멀어서 도보 통학이 거의 불가능할 정도면, 사업 주체가 셔틀버스를 구매해서 입주자 대표회의에 무상으로 제공하거나, 추가로 2~3년 버스 운영 비용까지 지급하기도 한다. 그러나 초등학교가 셔틀버스를 제공하기에 애매한 거리에 있으면 통학 거리가 멀다는 단점을 보완하려는 노력보다 역세권 단지로 교통 여건이 우수하다는 강점을 강조하는 것이 낫다.

반대로 초등학교, 중학교, 고등학교가 도보 통학 거리에 있어서 교육환경은 우수하지만, 지하철역에서 멀고, 대중교통 여건이 상대적으로 불편한 단지가 있다. 이 경우도 출퇴근 시간에 지하철역까지 셔틀버스를 제공 및 운영할 수도 있지만, 교육환경의 강점을 더 극대화하는 방법이 좋다. 단지 내 상가에 유명한 학원을 유치하고, 입주민을 대상으로 1~2년간 학원비 할인을 해주는 등이다. 1~2년간 상가를 학원에 무상으로 임대해서 절약되는 임대료를 재원으로 입주민 대상 학원비 할인을 해주는 마케팅을 생각할 수 있다.

다음으로, 가격을 알아보자.

입지가 좋고, 상품도 좋은데 가격이 비싼 단지가 있다. 특히, 주택시장 침체기에는 이런 단지가 많아진다. 주택 수요는 투자 수요와 실수요가 있는데, 투자자는 침체기에는 적극적으로 투자하지 않고 관망하면서 가격 경쟁력이 큰 단지에 투자한다. 주택시장이 회복되면 가격이 먼저 상승하고, 상승 폭도 클 것으로 기대되기 때문이다. 실수요자는 침체기에는 시세가 더 하락할 것으로 생각하고, 또 그렇게 되길 바라는 마음이 있어서 선뜻 계약하지 않는다. 가격이 비싸면 더욱 그렇다. 단점을 극복하기에 가장 어려운 것이 고분양가다. 고분양가 단지는 3~4

년 후 입주 시점에 신축 아파트 시세가 분양가보다 높아진다는 청사진을 보여줘야 한다. 그리고 분양가는 계속 상승하므로 앞으로 분양할 단지들은 분양가가 더 높게 나올 거라는 믿음을 심어줘야 한다. 또한, 고분양가를 극복하기 위해서는 계약금 축소, 중도금 무이자, 페이백(Pay Back)과 같은 조건 변경이 수반되어야 한다.

　마지막으로 상품을 알아보자.

　단지 컨디션이 비슷하면 세대 평면은 상향 평준화되어 1군 건설사 아파트나 2~3군 건설사 아파트나 비슷한 수준이다. 동 간 거리 및 4Bay 판상형 평면으로 구성되는 택지지구와 달리 서울지역 개발사업이나 주상복합 단지는 사업지 면적이 좁아서, 재개발 사업은 사업지의 토지 형태가 이형인 경우가 많아서 판상형 평면이 적고, 탑상형(타워형) 평면이 많다. 타워형 평면을 보완하기 위해서는 수납공간을 특화하거나 주방 마감재를 높이는 등 방법이 있지만, 단점을 극복하기에는 한계가 있다. 상품의 단점은 가격이나 입지의 강점으로 극복하는 방법이 좋다.

　건설회사 마케팅 부서에서 주로 활용하는 SWOT 분석 중 SO 전략과 ST 전략을 극대화하는 것을 추천한다.

| SWOT MIX 전략 |

구분		내부요인	
		S (Strength) 강점	W (Weakness) 약점
외부요인	O(Opportunity, 기회)	SO	WO
	T(Threat, 위협)	ST	WT

SO 전략 : 강점을 살려 기회를 잡는 전략
ST 전략 : 강점을 살려 위기를 극복하는 전략
WO 전략 : 약점을 보완해 기회를 잡는 전략
WT 전략 : 약점을 보완해 위기를 돌파하는 전략

☑ 입지, 가격, 상품 모두 뛰어난 단지는 마케팅 활동이 필요가 없다. 단점이 있는 단지는 단점을 극복해야 하는데, SWOT MIX 전략 중에서 SO 전략과 ST 전략에 집중하자. 현실적으로 WO 전략과 WT 전략을 성공시키기는 더 어렵다.

마케팅에서는 상품의 품질보다 고객의 인식이 더 중요하다

마케팅 전문가가 쓴 책들을 읽어보면 많은 책에서 "마케팅에서는 품질보다 고객의 인식(브랜드, 상품 이미지 등)이 더 중요하다"라고 말한다. 우리가 백화점 명품관에서 볼 수 있는 에르메스, 롤렉스, 샤넬, 디올, 루이뷔통 등 브랜드 제품은 가격이 비싸지만 잘 팔린다. 명품 제품은 유명한 장인이 아무리 정교하게 만들었다고 하더라도 일반 브랜드 제품과 품질의 차이보다는 가격 차이가 더 크다. 그럼에도 판매되는 이유는 고객들이 '명품은 원래 비싸다'라는 인식을 가져서 구매할 때 가격의 차이를 기꺼이 수용하기 때문이다.

또한, 명품 브랜드는 가격 정책과 희소성을 중심으로 마케팅 활동을 한다. 명품 브랜드는 인기가 있는 기존 제품의 가격을 인상해서 비싸게 파는 가격 정책을 쓴다. 가격을 반복해서 올리면 해당 제품의 중고품 가격도 덩달아 올라간다. 흔히 말하는 명품 재테크 수요가 생기는 것이다. 이럴 때 백화점 '오픈런(Open Run)' 현상이 발생한다. 일반 브랜드에서 신제품을 출시하면서 가격을 인상하는 것과 다른 방식이다. 희소성 마케팅은 일부 제품을 한정판으로 출시하면서 VIP로 관리되는 고객들에게만 구매할 수 있도록 하면 가격이 비쌀수록 더 잘 팔린다. 명품 제품에 희소성까지 더해졌기 때문이다.

사치성 제품에서는 일반적인 현상일 수 있지만 필수품에서는 그렇지 않다고 반박할지 모르겠다. 그러나 필수품에서도 가능하다는 것을 물을 가지고 설명하겠다.

물은 생존을 위해 꼭 필요하다. 과거에는 환경오염이 심각하지 않아서 물을 먹기 위해 돈을 쓰지 않았다. 그러나 지구의 환경오염이 심해지면서 우리는 물도 돈을 주고 사서 먹어야 한다. 생수도 샘물, 암반수, 해양심층수 등 다양하다. 국내 브랜드도 삼다수, 아이시스, 몽베스트, 동원샘물, 석수, 강원 평창수, 딥스(해양심층수), 휘오, 닥터M, 함평 나비수(미네랄워터) 등 많이 있고, 수입 브랜드도 프랑스의 에비앙과 볼빅, 오세아니아의 피지워터(미네랄 워터)와 퓨어엔젯(미네랄 워터), 러시아의 바이칼, 캐나다의 휘슬러(빙하수)와 아이스필드(빙하수), 어스워터, 일본의 이찌후지(빙하수), 뉴질랜드의 통가리로워터(미네랄 워터) 등 다양하다. 생수가격을 보면 인터넷 쇼핑(쿠팡)몰 최저가 기준으로 국내 브랜드는 500mL 한 병에 보통 200~400원이고, 미네랄 워터나 해양심층수 등은 1,000~1,500원 정도다. 수입 브랜드도 1,000~1,700원 정도다.

일반인들은 잘 모르는 국내에서는 판매하지 않는 초고가의 물이 있다. 미국의 '블링 에이치투오(Bling H2O)'는 1L당 216달러 정도 한다. 이 물은 물맛보다 고급스러운 디자인의 병으로 더 유명하다. 스와로브스

키 크리스털로 장식한 다양한 디자인의 유리병이며, 코르크 마개로 되어 있다. 처음에 미국에서 할리우드의 유명 연예인과 슈퍼 리치들을 대상으로 판매했다. 역사적으로 희귀한 물은 신분의 상징으로 인식되었던 것을 참고하면 이해할 수 있다.

| 초고가 생수 |

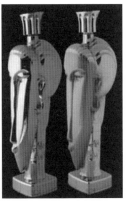

왼쪽부터 'Bling H2O', 'Acqua di Cristallo Tributo a Modigliani', 'Exousia Gold', 'Aurum79'

출처 : 〈헤럴드경제〉

이탈리아의 '엑소시아 골드(Exousia Gold)'는 생수를 추출하는 과정에서 정제 필터를 순금으로 사용한다. 1L에 270만 원 정도 한다.

'아쿠아 디 크리스탈로 트리부토 모디글라니(Acqua di Cristallo Tributo a Modigliani)'는 유명한 워터 소믈리에가 프랑스와 남태평양 피지섬의 광천수를 적절하게 조합해서 생산한다. 750mL에 약 7억 원이며, 수익금 중 일부는 지구 온난화 개선 자금으로 기부한다고 한다.

'아우룸79(Aurum79)'는 라틴어로 빛나는 새벽을 뜻하며, 79는 금의 원소 번호다. 생수병과 전용 잔은 금과 다이아몬드, 크리스털로 만들었으며, 생수에도 식용 24K 금 조각이 들어 있다. 3병밖에 생산하지 않아서 희소성까지 더해져서 500mL에 약 10억 원으로 알려져 있다.

☑ 고객에게 품질만으로 어필하는 방법에는 한계가 있다. 비싼 상품은 그 가치에 맞는 가격이라는 인식을 고객에게 심어주고, 고객이 공감할 수 있어야 한다. 그렇게 하기 위해서는 그 제품만의 차별성과 희소성이 있어야 한다. 한남동의 한남 더힐, 나인원 한남, 청담동의 고급 빌라들도 같은 맥락에서 이해할 수 있다.

CASE
07

단일 평형으로만 구성하면
수요 발굴이 어렵다

사업개요를 만들 때 가장 중요한 사항은 용적률을 최대한 확보해서 사업성을 높이고, 분양이 잘될 수 있는 상품을 만드는 것이다.

용적률을 최대한 확보해 공급면적을 늘리면 매출도 늘어난다. 용적률을 확보하기 위해 마음대로 할 수는 없고, 관련 법령을 준수해야 한다. 동 간 거리 확보, 사생활 침해 방지, 일조 침해 방지, 고도 제한 준수 등 다양한 제한 사항을 모두 충족하면서 설계해야 한다. 분양이 잘될 수 있는 우수한 상품을 만들기 위해서는 향, 타입, 평형 구성, 마감재, 일조, 조망 등 많은 사항을 고려해야 한다.

향은 햇빛이 잘 들어오는 남향(남동향, 남서향 포함) 위주로 설계해야 한다. 동향, 서향, 북향은 선호도가 낮다. 한국은 봄, 여름, 가을, 겨울 사계절이 있는 나라다. 주거에서는 겨울의 추위를 대비하는 것이 중요하다. 전통적으로 배산임수를 선호해 집을 남향으로 지었다. 정남향으로만 구성할 수 없으므로 대부분을 남동향, 남서향으로 배치해 남향 위주로 설계한다.

세대 타입은 가로로 긴 판상형 평면의 선호도가 높다. 판상형은 거실과 침실에 일조, 조망이 좋고, 맞통풍이 가능하다. 또한, 앞과 뒤 발코니 모두 확장하면 서비스면적도 크다는 장점이 있다. 그러나 모든 세대를 판상형으로 배치하기는 어렵다. 과거와 달리 아파트 외관의 미적 요소와 스카이라인도 중요하게 생각해서 일자형 성냥갑 아파트는 허가받기 어렵다. 그렇다 보니 주로 ㄴ자형으로 동을 배치하게 되는데, 중간에 탑상형(타워형) 평면이 생기게 된다. 탑상형을 최소화하려는 노력의 결과, 판상형 형태지만, 맞통풍이 안 되는 변형된 판상형 구조가 늘어나고 있다.

또한, 수요 확보를 생각해서 다양한 평형대를 구성할 필요가 있다. 소형평형보다 대형평형으로 구성하면 공사비가 다소 저렴하지만, 가구당 인구가 2.5인 이하로 축소되는 상황에서 전용면적 85㎡ 초과의 수요는 제한적이다. 단지 규모에 따라 차이가 있지만, 전용면적 85㎡ 초과 평형의 비율은 전체 세대 수의 30% 이하면 문제없다. 그렇다고 전용면적 59㎡ 이하 평형만으로 구성한 단지는 주차장이 혼잡한 경우가 많고, 소형평형으로만 구성된 단지는 시세 상승에 한계가 있다는 인식이 있다. 결국, 전용면적 59~85㎡ 평형 위주로 구성하는 것이 무난하다.

그러나 전용면적 85㎡ 단일 평형으로 구성하는 것은 지양하는 게 좋다. 면적에 따라 수요가 다른데, 단일 평형으로 구성하면 수요를 발굴하는 데 어려움이 생길 수 있기 때문이다. 대략적인 수요를 살펴보면,

2~3인 가구는 전용면적 59㎡, 3~4인 가구 중 자녀가 초등학생 이하면 전용면적 85㎡, 3~4인 가구 중 자녀가 중학생 이상이면 전용면적 85㎡ 초과를 선호한다. 물론 성향 차이가 있는 지역도 있다.

> ☑ 입지, 분양가, 상품, 브랜드 등 여러 조건에서 경쟁력이 있어서 조기 분양 완료에 지장이 없다면 상관없지만, 그렇지 않다면 평형 구성을 다양하게 해서 수요층을 넓히는 것이 분양률을 높이는 데 도움이 된다.

CASE
08

유상옵션을 다양하게 만들면
매출을 높일 수 있지만,
그만큼 가격 저항이 커져서
미분양 판매에 도움이 되지 않는다

분양가 상한제 또는 HUG의 고분양가 심사, 지방자치단체의 규제 등으로 사업 주체가 원하는 분양가로 분양할 수 없을 때, 발코니 확장비와 유상옵션 품목을 통해서 매출을 높이고, 이익을 창출하게 된다. 분양가에 발코니 확장비나 유상옵션 금액을 합쳐도 인근 시세보다 비싸지 않으면 고객의 저항은 크지 않다. 어차피 시세 대비 저렴한 만큼 안전마진을 가지고 있기 때문이다.

그러나 단순히 매출을 올리기 위해서 또는 기본 마감재 수준을 낮추고 유상옵션 계약을 유도하기 위해서 유상옵션을 다양하게 만드는 것은 위험하다. 특히, 분양가가 인근 시세보다 저렴하지 않으면 유상옵션 금액을 더한 만큼 비싸다는 인식을 주기 때문이다. 모델하우스에도 유상옵션으로 마감하고 유상옵션을 안내하게 되는데, 고객은 세대 유닛을 구경하면서 눈높이는 높아졌고, 유상옵션 비용은 부담을 느끼는 상황이 발생할 수 있다.

　그렇다고 해서 고객이 유상옵션 계약을 많이 하지도 않는다. 발코니 확장은 필수이고, 시스템 에어컨도 대부분 계약한다. 그러나 투자 목적으로 계약해서 임대를 놓을 생각이면 그 외 추가 유상옵션 계약은 하지 않는다. 실거주 목적이라서 직접 입주할 생각이면 중문, 침실 붙박이장 등을 계약하는 경우가 있고, 마침 가전제품을 교체할 시기가 된 고객은 빌트인 가전제품을 계약하기도 한다. 차라리 고급 아파트 콘셉트로 홍보하고 분양하려면, 처음부터 유상옵션을 최소화하고 일부 유상옵션 품목은 기본 제공 품목으로 변경해서 분양가를 그만큼 올리는 게 더 낫다.

> ☑ 다양한 유상옵션은 매출을 높일 수 있지만, 발코니 확장, 시스템 에어컨을 제외한 유상옵션 계약은 많이 하지 않는다는 점, 분양률이 낮은 단지의 미분양 판매에서 유상옵션이 많은 점은 전혀 도움이 되지 않는다는 점을 고려해야 한다. 오히려 옵션금액을 합치면 비싸다는 인식만 심어줘서 가격 저항만 커질 수 있다.

CASE
09

분양소장은
자기 감정통제(Self Control)를
잘해야 한다

분양소장은 부여받은 목표를 달성해야 한다. 그러나 목표는 분양소장이 정하기보다는 당위성, 필요성에 따라 본사에서 주어지는 경우가 대부분이다. 그럴 때 괴리감이 생기고, 항상 실적 압박 속에서 일희일비(一喜一悲)하기 쉽다. 목표를 달성하면 본사에서 칭찬과 함께 분양소장의 실력을 인정하는 느낌이라서 기분이 좋아진다. 반대로, 목표를 달성하지 못하면 본사에서 질책과 함께 분양소장의 실력이 부족하다고 생각하는 느낌이라서 기분이 좋지 않다.

목표는 주간 목표, 월간 목표, 연간 목표, 100% 완료 시점 목표가 있다. 분양을 시작하면 100% 분양 완료를 최종 목표로 하며, 진행 과정에서 발생하는 변수에 따라 목표를 수정하거나 판매 촉진안을 준비해야 하는 상황이 생길 수도 있다. 분양소장은 이때 중심을 잘 잡고, 평정심을 유지하는 것이 중요하다. 분양소장은 분양 현장의 책임자이며,

일차적인 의사결정자다. 분양소장이 감정통제를 제대로 하지 못하면 문제가 심각해진다. 본사 임원, 팀장, 담당자뿐만 아니라 모델하우스에서 함께 근무하는 분양대행사, 영업조직 등 관계자들이 모두 불안해할 수 있다.

"소장님 이번 주에는 목표를 달성했습니다."

"네, 본부장님 수고 많았습니다. 아직 갈 길이 머니까 계속 파이팅하시죠."

"네, 알겠습니다. 소장님도 수고 많으셨습니다."

– 일주일 후 –

"소장님, 이번 주에는 목표 대비 실적이 70%로 달성하지 못했습니다."

"뭐라고요? 지난주는 달성했는데 이번 주는 왜 실적이 떨어졌습니까? 너무 자만하고 일을 열심히 하지 않아서 그런 거 아닙니까?"

"소장님, 그런 것은 아닙니다. 직원들은 계속 열심히 하고 있습니다. 아마도 지난주에는 주중에 휴일도 있어서 방문객 상담이 많았는데, 이번 주는 휴일이 없어서 상대적으로 상담한 고객 숫자가 줄어서 그런 것 같습니다. 아무래도 주말과 휴일에 방문객이 많고, 그때 실적이 잘 나와서 그렇습니다."

"핑계만 대지 마시고 목표 달성할 수 있게 열심히 좀 하세요. 계속 목표를 달성하지 못하면 분양대행사를 교체할 수도 있습니다."

"네, 알겠습니다. 최선을 다하겠습니다."

"소장님, 이번 주는 목표를 달성했습니다. 직원들이 모두 힘들게 했는데 실적이 나와서 다행입니다."

"네, 그래요. 수고했습니다. 꼭 내가 불편한 이야기를 해야 실적이 나오는 거 같아서 나도 마음이 편하지 않네요. 앞으로는 잘해주세요. 아시겠죠?"

"네, 알겠습니다. 목표를 달성하는 게 중요한 것은 저희도 잘 알고 있습니다. 실적이 나와야 수수료도 받을 수 있습니다. 직원들이 다들 열심히 일하고 있습니다. 그런데 계약이라는 게 항상 일정하게 나오기는 어렵습니다. 특히, 고객의 반응이나 금리변동, 부동산 대책, 대출 규제, 경쟁사 판촉 등 전체적인 시장의 흐름을 파악하고 선제적으로 대처하는 게 중요합니다. 너무 주간 목표의 달성 여부만 집착해서 냉탕과 온탕을 반복하시면 일하는 직원들이 스트레스가 심해서 지칩니다. 중심을 잘 잡으시고 큰 방향성만 잘 잡아주시면 저희가 열심히 해서 실적을 낼 수 있습니다. 이 점 참고해주시면 좋겠습니다. 감사합니다."

"네, 알겠습니다. 제가 너무 심했나 보네요. 저도 본사의 실적 압박이 심하다 보니 어쩔 수 없긴 합니다. 앞으로는 일희일비하지 않도록 자제하겠습니다."

> ✅ 분양소장은 바다를 항해 중인 배의 선장과도 같다. 선장이 중심을 잡지 못하면 그 배는 제시간에 목적지에 도착하지 못한다. 사소한 변수나 단기 성과에 너무 집착하면 안 된다. 시장의 흐름을 파악하고 어떻게 대처해야 할지 방향을 잘 잡는 게 중요하다. 실적 부진의 원인이 무엇인지, 판매 촉진이 필요한지, 판촉 수준은 어느 정도가 되어야 효과가 있을지, 판촉 시기는 언제가 적정한지 등 중요한 의사결정에 집중해야 한다.

02

판매 촉진 전략

CASE
10

최소 비용으로 최대 효과를
낼 수 있는 판촉을 고민해야 한다

신규 주택 분양가는 점점 올라간다. 주택사업에서 수입은 일반 분양 분양가의 합계가 총매출이고, 비용은 토지비, 건축비, 경비로 구성된다.

토지는 총량이 한정되어 있고, 특히 주택을 건설할 수 있는 택지는 주로 도시 지역에 집중되어 있다. 토지 가격은 외환위기, 금융위기, 코로나19 팬데믹 등 경제위기가 발생할 때 일시적으로 하락했고, 전체적으로 우상향했다. 향후 인구가 감소하더라도 도시 집중화 현상이 가속화되므로 토지 중 택지 가격은 상승할 수밖에 없다.

건축비도 임금과 원자재로 구성되는데, 건설업은 노동집약적 산업이라서 전제 공사비에서 임금이 차지하는 비율은 약 60% 정도 된다. 물가 상승에 따라 최저 임금도 계속 오르고 있다. 문재인 정부 시절에 급격한 최저 임금인상을 되풀이하지 않더라도 앞으로도 꾸준히 오를 것으로 예상된다. 원자재 역시 수급 상황이 중요한데, 러시아-우크라이나 전쟁, 이스라엘-이슬람(하마스, 헤즈볼라 등) 분쟁 등 국제적인 불안 상황과 미국의 보호무역 등 국제적인 이슈들이 변수가 되어 공사비 급등의 원인이 되고 있다.

마지막으로 경비는 자금 조달에 따른 금융비용이 대부분이라서 금리 변동의 영향이 절대적이다. 저금리 시기에는 유리하지만, 고금리 시기가 되면 비용이 급등한다.

결국 주택사업을 진행하기 위해서는 수입이 비용보다 많아야 하고, 비용이 증가하는 만큼 수입을 늘려야 한다. 결국 분양가가 주변 시세보다 높아지는 추세는 앞으로도 계속될 것이다. 신규 아파트의 분양가가 비싸도 분양이 되는 이유는 '얼죽신[1]'이라는 말이 생겼듯이, 신축 아파트의 선호도가 높기 때문이다. 주거 문화의 변화에 따라 구축에 비해 신축은 주거환경이 우수하고, 주거 생활의 편리성을 높다. 구축에 비해서 신축 아파트는 세대 평면, 마감재 수준, 수납 공간, 주차 공간, 커뮤니티 시설, IT시스템 등이 개선되어 신축 아파트에 살던 사람은 구축으로 이사하면 불편함을 느끼기 때문에 신축으로 이사하는 것을 선호한다.

아무리 입지가 좋고, 상품이 좋아도 분양가가 비싸면 분양이 어렵다. 주택시장이 상승기일 때는 향후 시세 상승을 기대하기 때문에, 신축 아파트 분양가가 구축 아파트 시세 대비 110%까지는 비싸도 분양이 된다. 그러나 주택시장이 침체기나 하락기일 때는 향후 시세 하락 또는 보합을 예상하기 때문에, 신축 아파트 분양가가 구축 아파트 시세보다

---

1) '얼어 죽어도 신축'의 줄임말로, 구축에 비해서 신축 주택의 선호도가 높다는 의미다.

비싸면 분양이 안 된다.

사업 주체는 시장에서 수용할 수 있는 수준으로 분양가를 책정해야 한다. 그러나 그 수준으로는 수입이 비용보다 적다면 분양가를 높여서 분양할지, 아니면 사업을 보류 또는 포기할지 선택해야 하는 상황이 된다.

분양가를 높여서 분양할 경우, 마케팅 측면에서는 판매 촉진 예산을 사전에 충분히 확보해야 한다. 물론 단지 규모와 평형 구성에 따라 차이는 있다. 1,000세대이고 전용 $84m^2$로만 구성되었다고 가정하면, 분양가를 세대당 1,000만 원을 올리면 공급면적 평당 약 30만 원이 올라가는 대신, 총매출은 100억 원이 상승한다. 매출 상승분 중 20~30% 정도를 마케팅 판촉예산으로 확보하면 충분하다. 20~30억 원을 활용해서 적절한 시기에 적절한 판촉을 해야 한다.

> ✅ 분양소장이 어떤 판촉을 적용할지는 지역의 수급 상황, 경쟁상품의 판촉 조건, 시장 상황 등을 고려해서 신중하게 선택해야 한다. 한정된 판촉예산으로 최대의 효과를 거두기 위해서는 시행착오를 최소화하고, 경험이 많은 여러 분양소장에게 조언을 구하고 분양대행사와 상의할 것을 추천한다. 분양소장의 독단적인 판단은 시행착오로 귀결할 수 있다. 경험이 많은 분양소장이라도 너무 자만하면 실패할 수 있다. 통상적으로 분양 마케터는 주택시장을 '생물'에 비유한다. 시장 상황은 항상 변하기 때문에, 어제와 오늘의 상황이 다르고, 오늘과 내일의 상황이 다를 수 있다. 분양소장은 항상 겸손한 마음가짐을 가지고 최소 비용으로 최대 효과를 낼 수 있는 판촉이 무엇인지 고민하는 태도가 필요하다.

분양률이 저조할 것으로 예상되면 미분양 판촉을 사전에 준비해야 한다

신규 분양할 때 사전 영업을 한다. 사전 영업 기간은 입주자 모집공고가 나가기 전에 영업하는 기간을 말하는데, 주택시장이 호황이고 분양이 잘될 거라 예상하면 오픈 고지 정도만 하고 사전 영업을 거의 생략하기도 한다. 주택시장이 보합이고, 분양 성공 여부를 예측하기 어려울 때는 사전 영업을 1~3개월 정도 진행한다. 물론 단지의 규모와 분양 난이도에 따라 차이가 있다. 주택시장의 침체가 지속되면 사전 영업을 3개월 이상 장기간 진행하거나, 오히려 일명 '깜깜이 분양'[2] 방식으로 분양 전략을 세운다. 초기부터 조직 분양 영업을 진행하는데, 이때는 청약 경쟁률과 당첨자 계약률은 무시하고, 선착순 분양에 집중해서 분양률을 높이는 방식이다.

---

2) 청약률과 초기 분양률이 낮을 것으로 예상되면, 청약률을 높이기 위한 적극적인 홍보를 하지 않고, 청약은 미달이 되도록 하고, 선착순 계약을 통해서 분양률을 높이는 방법

초기 분양률이 저조할 것으로 예상되면 미분양 판촉을 사전에 준비해야 한다. 초기 미분양 판촉은 계약금을 낮추는 판촉(10% 중 5%를 잔금으로 이월하는 방법 등), 중도금대출 무이자 판촉이 일반적이다. 분양률에 따라 추가 판촉으로 발코니 확장 무상 제공, 유상옵션 무상 제공, 페이백 등이 있다.

미분양 판촉을 적용할 때, 개발사업은 시행사와 대주단, 정비 사업은 조합과 사전 협의가 필요하다. 계약금 조건 변경은 계약금 중 일부를 잔금으로 받아서 수금이 줄어들고, 중도금 무이자는 중도금 이자 비용만큼 사업비 지출이 증가한다. 이렇게 판촉 조건의 내용에 따라 사업수지의 이익 감소와 현금 흐름(Cash Flow)의 수금 차질이 발생하며, 판촉 내용과 비용에 따라 사업 주체와의 협의가 어려울 수 있다. 초기 분양률이 저조한 상태에서 판촉 협의를 시작했는데 협의가 늦어지면 분양 영업에 공백이 발생하거나 조직 분양 영업을 진행 중일 경우에는 영업조직이 와해될 수 있다.

따라서 사전에 사업 주체에게 분양률에 따른 미분양 판촉의 필요성을 공감시키고, 미리 판촉 협의를 끝내는 것이 좋다. 구체적인 적용 시점은 분양률과 시장 상황을 보고 판단하면 된다.

계약금을 낮추는 판촉은 분양가가 인근 시세보다 비싸거나 투자자를 유치하기에 효과적인 판촉이며, 적용 방법은 세 가지가 있다.

첫째, 오픈 때부터 계약금 5%를 적용하는 방법이다. 사전 영업을 해보니 분양 성공이 어렵다고 판단하는 사업은 처음부터 계약금 조건을 5%로 변경해서 분양하는 게 유리하다.

둘째, 청약 당첨자 및 예비 입주자까지는 계약금 10%로 계약하고, 선착순 계약 때 미분양 판촉으로 5%를 적용하는 방법이다. 분양 성공을 오픈 시점에 판단하기 어려운 애매한 사업은 예상외로 분양이 잘될 수도 있으므로 선착순 때부터 미분양 판촉으로 적용할 수 있다.

셋째, 미분양 판촉으로 계약금을 정액제로 적용하는 방법이다. 금융위기에 따른 부동산 시장 침체기인 2008~2011년까지 지방에서는 계약금 5%로도 분양이 어려워서 계약금 정액제(500~1,000만 원)를 적용하는 것이 일반적이었다. 추가로 중도금 무이자, 발코니 확장 무상도 기본 판촉에 포함되었었다.

중도금대출 무이자 판촉은 금리에 따라 사업 수지에 영향이 크다. 중도금대출 무이자 판촉 적용 방법은 네 가지가 있다.

첫째, 처음부터 중도금 전체 무이자를 적용하는 방법이다. 사업비에 중도금 이자 금융비용을 반영해서 초기 분양률을 높이는 방법이다.

둘째, 중도금 6회차 중 1~2회차만 무이자로 하고, 3~6회차는 이자후불제를 적용하는 방법이다. 중도금 1~2회차는 준공 시점까지 기간이 길어서 전체 중도금이자 금액의 약 50% 정도이고, 전체 무이자보다는 약하지만, 계약자에게 전체 중도금 이자 비용 중 절반 정도를 사업주체가 부담한다는 점을 강조한다.

셋째, 기본적으로 이자 후불제를 적용하고, 장기 미분양이 예상되는 열위 세대, 예를 들면 저층 세대, 북향 세대 등 일부 세대에 한정해서 무이자 판촉을 적용하는 방법이다. 이는 열위 세대를 제외한 세대는 분양에 문제가 없다고 판단되는 경우다.

넷째, 금리변동이 심한 시기에 적용하는 판촉 방법이다. 중도금대출 중 계약자에게는 일정 금리에 해당하는 이자만 부담하고, 나머지는 사업 주체가 부담하는 방식이다. 예를 들면, 계약자는 금리 5%에 해당하는 이자만 부담하고 초과분 이자는 사업 주체가 부담한다. 계약자는 대출금리가 올라가더라도 정해진 이자만 부담하면 되기 때문에, 금리 상승기에 계약자에게 이자 상승의 불안감을 줄여줄 수 있다.

> ✔ 분양률이 저조할 것으로 예상되면, 사전에 사업 주체 및 대주단과 판촉 협의를 해놓고 적당한 시기에 판촉을 시행함으로써 영업조직을 유지하고, 분양률을 효과적으로 높일 수 있다. 초기 판촉은 계약금 축소와 중도금 무이자 정도가 무난하다. 분양률이 너무 저조할 것으로 예상되면, 발코니 확장 무상 제공, 시스템 에어컨 무상 제공, 페이백 등도 검토할 수 있다.

사소한 판촉 조건을 반복해서 시행하면
고객은 학습 효과가 생겨
분양에 도움이 되지 않는다

초기 분양이 실패하면, 미분양 판매를 위해서는 판매 촉진을 해야 한다. 판촉 조건을 얼마나 공격적으로 할 것인지가 중요하다. 공격적인 판촉일수록 예산이 많이 필요하고, 그만큼 사업 수지가 나빠지기 때문이다.

그래서 일단 적은 예산이 드는 판촉을 시행해서 영업한다. 목표 분양률에 근접하게 실적이 나오고, 그 후 계약 속도가 떨어지면 조금 더 강력한 다음 판촉을 준비해서 시행한다. 이런 과정이 반복되어 2~3번의 판촉으로 100% 분양 완료할 수 있으면 성공적인 판촉으로 평가할 수 있다. 초기 분양률이 30% 정도 되었다면, 1단계 판촉으로 60%를 달성하고, 2단계 판촉으로 80~85%를 달성하고, 3단계 판촉으로 100%를 달성하는 계획을 세울 수 있다.

그러나 판촉을 시행했는데 예상보다 낮은 실적을 보이고, 계약 속도 마저 점차 떨어지면 고민이 깊어진다. 판촉이 너무 약해서 고객이 그 조건으로는 계약을 체결할 매력을 느끼지 못했을 수 있다. 단계별 판촉 계획상 아직 추가 판촉을 할 시기가 아닌데 추가 판촉을 준비해야 하는 상황이다. 결국 1~3단계 판촉 계획은 4단계로 늘어나게 되는데, 그마 저도 여의치가 않다. 한 번의 판촉으로 분양률을 20~30% 정도는 성과 를 내고 다음 판촉으로 넘어가야 2~3번의 판촉으로 100% 분양 완료 할 수 있는데, 10% 전후의 실적을 보이면 다음 판촉에서도 실적이 저 조할 수 있다는 불안감이 커지고, 앞으로 몇 번 더 판촉해야 할지 확신 할 수 없게 된다. 고객이 기대하는 수준보다 약한 판촉이었다고 판단할 수 있어서 다음 판촉을 어느 정도로 해야 효과가 있을지 선뜻 결정하기 어려워진다.

　그렇다고 처음부터 강력한 판촉을 시행하기도 어렵다. 아직 분양률 이 낮은데 한 번 판촉을 시행해서 100% 분양 완료까지 하기는 정말 쉽 지 않기 때문이다. 단계별 판촉 시행을 준비해야 하므로 첫 번째 판촉 부터 강하게 할 수 없다는 점은 인정해야 한다. 물론 운이 좋아서 분양 시장이 회복세로 전환되거나 경기가 회복되는 등 시장의 변화가 생기 면 강력한 판촉을 시행하지 않더라도 빠르게 분양률을 높일 수 있다.

　판촉은 최소 비용으로 최대 효과를 내는 것이 핵심이지만, 너무 약한 판촉은 비용만 발생하고 효과는 없다는 점에서 경계해야 한다. 또한, 너무 약한 판촉을 반복해서 시행하면 고객은 조금 더 기다리면 더 강한 판촉을 시행할 거라는 학습 효과와 기대감이 생겨서 웬만한 판촉에는 실적이 나오기 더 어려워진다.

☑ 분양소장은 고객에게 설득력 있는 판촉을 준비해서 목표한 실적을 달성할 수 있어야 한다. 얼마나 강력한 판촉을 시행해야 하는지는 어려운 문제지만, 사소한 판촉을 반복해서 단지 이미지만 나빠지고, 분양은 더욱 어려워지는 상황을 만들지 않도록 주의해야 한다.

CASE
13

계약조건 안심보장제는 상황에 따라 다르게 활용할 수 있다

계약조건 안심보장제는 미분양 판촉을 진행하더라도 기존 계약자에게도 같은 혜택을 줄 것이니 안심하라고 보장증서를 발급하는 제도다. 높은 층, 남향, 판상형 타입, 조망이 좋은 동을 중심으로 먼저 계약이 이루어지고, 미분양은 상대적으로 열악한 동호수 위주로 남게 된다. 기존 계약자는 선호도가 높은 좋은 동호수를 계약했으므로 미분양 판촉을 하더라도 소급 적용하지 않는다.

그러나 해당 지역에서 미분양 판촉했던 단지가 있거나, 현재 경쟁 단지가 판촉을 시행하고 있으면, 수요자들은 '좀 더 기다리면 여기도 추가 판촉하겠구나!'라고 생각하고, 당장 계약하지 않고 관망하면서 "판촉 시행하면 연락하라"는 반응을 보인다. 미분양이 생기면 판촉을 시행하므로, 계약자는 나중에 계약해야 추가 판촉 혜택을 받을 수 있다는 학습 효과가 있기 때문이다. 이럴 때 계약조건 안심보장제를 시행해서 안심하고 계약하라고 강조하면서 계약을 유도한다.

계약조건 안심보장제 적용 방법은 세 가지가 있다.

첫째, 계약조건 안심보장제를 적용하면서 층별, 향별, 타입별, 라인별 차등 적용하는 방법이다. 이 판촉은 실질적으로 나중에 추가 판촉을 하더라도 소급 적용하지 않겠다는 뜻이다. 예를 들면, 남향 미분양이 10층, 7~1층이 남아 있으면 7층 이하 대상 추가 판촉하고, 10층은 기존 조건으로 판매한다. 동향과 서향은 15층 이하가 모두 남았다면 15층 이하만 대상으로 추가 판촉한다. 마찬가지로 판상형은 다 팔렸고, 탑상형(타워형)만 남았다면 미분양 호실 기준으로 저층만 추가 판촉한다. 분양권 투자를 많이 해본 투자자는 이런 내용을 이미 알고 있어서 계약조건 안심보장제를 설명해도 반응이 별로 없다. 그만큼 판촉 효과도 떨어진다.

둘째, 계약조건 안심보장제를 전체 호실을 대상으로 적용하는 방법이다. 이 방법은 위험이 크지만, 고객에게 강하게 인식시키면 효과도 크다. 추가 판촉을 시행하면 기존 계약 호실 모두 소급 적용하기 때문에 추가 판촉을 하지 않겠다는 배수의 진을 치고 있을 때 적용하거나 계약조건 안심보장제를 강력하게 적용해야 하는 상황에서 적용한다. 우리의 계약조건 안심보장제는 기존의 타사에서 적용하는 제도와는 다르다는 점을 강조해야 한다. 자칫 잘못하면 실적도 충분히 나오지 않고, 추가 판촉도 적용할 수 없는 진퇴양난의 상황에 빠질 수 있다.

셋째, 계약조건 안심보장제에서 사전에 예외 대상을 정하는 방법이다. 저층은 마지막에 추가 판촉을 할 수밖에 없다고 판단해서 '계약조건 안심보장제에서 5층 이하 저층은 제외'라는 내용을 사전에 안내하는 것이다. 다시 말하면, 5층 이하 저층 호실의 추가 판촉은 6층 이상의 호실에 적용하지 않는다는 뜻이다. 계약조건 안심 보장 증서에 명시함으로써, 분양률이 80~90% 정도일 때 추가 판촉하면, 기존 계약자들은 '안심보장제에서 제외되는 저층 호실 대상 판촉인가보다'라고 생각하게 만들 수 있다.

평형대별로 구분해서 일부만 안심보장제를 적용하는 방법도 있다. 전용 $85\,m^2$ 이하 평형은 제외하고, 전용 $85\,m^2$ 초과 평형에 한해서 안심보장제를 적용하는 방법이다.

"고객님, 안녕하세요. 지난 주말에 상담해드린 김 과장입니다. 지난 주말에 방문하신 후에 남편분과 상의하시고 계약하기로 결정하셨어요?"

"네? 아직요. 저는 이 동호수가 마음에 드는데, 남편은 미분양이 많은데 굳이 지금 계약할 필요가 있냐며, 나중에 할인해서 팔 때 계약하면 된다고 해서요."

"남편분께서 그렇게 생각하실 수 있습니다. 그렇지만 이 동호수는 지금 계약 안 하시면 다른 고객님이 계약할 거라서 놓치실 거예요. 고객님, 저희가 이번에 특별혜택으로 계약조건 안심보장제를 시행하고 있습니다. 나중에 추가로 할인 판촉을 시행하면 기존 계약자분들께도 소급해서 적용해드립니다. 좋은 동호수가 남아 있을 때 계약하시는 게 좋습니다. 나중에 저층만 남아 있으면 '그때 고층 동호수를 계약할 걸…' 하고 후회하세요."

"계약조건 안심보장제? 그거는 믿을 수 있는 건가요? 나중에 말 바꾸시는 거 아니죠?"

"그럼요. 이렇게 안심 보장 증서를 발급해드리는데, 어떻게 나중에 말을 바꾸겠습니까? 여기 한번 보시면 증서에 시공사 직인도 찍혀 있죠? 대기업에서 거짓말을 하겠습니까? 그런 걱정은 안 하셔도 됩니다."

"보험도 자세히 보면 예외가 많던데, 여기도 예외 조항 같은 건 없나요?"

"네, 몇 가지 있긴 합니다. 여기 읽어보시면, 고객님께서 분양 대금을 연체하시거나 공급계약서 약정 사항을 위반하시는 경우에는 제외됩니다. 그럴 때는 보장받지 못하세요. 사실 중도금대출 신청하시면 연체하실 일 없고, 특별히 약정 사항 위반하실 일 없으시니까 해당 사항이 없으실 겁니다."

"네, 그건 그렇죠."

"예외는 아니고 한 가지 더 유의 사항이 있습니다. 계약조건 소급 적용은 층별, 향별, 타입별, 라인별 차등 적용됩니다. 고객님이 계약하실 동호수가 인기가 많은 남향에 판상형 호실인데, 인기가 없는 동향이나 탑상형(타워형) 동호수 같은 경우에 미분양이 많으면 나중에 약간의 혜택을 줄 수도 있다는 말이라서 군이 신경을 안 쓰셔도 됩니다."

"잠시만요, 그러면 기존 계약자한테 전부 다 소급 적용하는 게 아니네요?"

"고객님, 남향에 판상형 좋아하시죠? 아니면 동향에 탑상형(타워형) 계약하시겠어요?"

"아니요. 남향 계약해야죠."

"그것 보세요. 다들 남향, 판상형 동호수만 찾으세요. 그러니까 동향, 탑상형(타워형)은 인기가 없어서 조금 더 혜택을 줄 수도 있다는 말입니다. 상품이 아예 다른 거니까요. 이해되시죠?"

"그럼, 내일 남편하고 같이 다시 올게요."

　필자는 세 가지 방법을 모두 적용해보았는데, 일반적으로는 첫 번째 방식으로 진행한다. 그리고 사업 수지를 고려할 때 추가 판촉이 불가능한 상황에서는 두 번째 방식으로 진행한다. 이때는 첫 번째 방식과 다르다는 점을 적극적으로 강조해서 인식시켜야 한다. 그리고 분양률이 80% 정도 이후에 판매 속도가 급격히 떨어지는 지역에서 적용한다. 세 번째 방식을 적용할 때는 두 번째 방식과 함께 적용하는 것이 좋다.

> ☑ 계약조건 안심보장제는 미분양이 많은데, 수요 발굴이 어렵고, 경쟁사에서 추가 판촉을 반복해서 시행하고 있을 때 안심하고 계약하라는 취지의 판촉이다. 그러나 그동안 너무 무분별하게 적용한 경향이 있어서 실질적으로 효과가 없는 판촉으로 변질되는 느낌도 있다. 그럴 때는 전체 동호수를 대상으로 하거나 일부 예외 대상을 정하는 등의 방법을 고민해볼 필요가 있다.

지역 주택시장 회복 또는 신규 분양 예정 단지의 분양가가 더 높을 거라고 예상되면 계약금 안심보장제를 시행할 수 있다

계약금 안심보장제는 준공 1년 전에 신청 기간을 정해서, 그 기간에 수분양자가 계약해제 신청하면 분양 계약금과 발코니 확장비 계약금을 돌려주는 판촉 방법이다. 간단하게 말하면 위약금 없이 계약을 해제할 수 있다는 말이다. 단, 해제 시점은 준공 시점으로 정한다.

여러 가지 판촉을 시행해도 뚜렷한 실적이 나오지 않을 때 계약금 안심보장제를 시행하기도 한다. 이 판촉은 특별한 조건 없이 수분양자가 희망하면 보장하므로 해제 신청 접수 시점을 언제로 정하느냐가 중요하다. 계약해제 접수 시점까지 지역 주택시장의 회복이 예상되거나 신규 분양 예정 단지의 분양가가 더 높게 나올 거라는 정보가 있어야 안전하다.

"고객님, 안녕하세요. 이 부장입니다. 먼저 단지 배치도랑 세대 유니트 관람부터 하시고 상담하겠습니다."

"네, 알겠습니다."

- 단지 모형 및 세대 유니트 관람 후 상담석으로 이동 -

"고객님, 보시니까 어떠세요?"

"수납공간도 많고, 서비스면적이 많아서 좋네요. 특히, 주방이 ㄷ자형이라 마음에 드네요."

"네, 맞습니다. 방문하시는 고객님들이 모두 상품이 좋다고 만족하세요. 지금 남향에 판상형 동호수는 101동 15층하고 102동 13층이 남아 있습니다."

"15층이면 괜찮겠어요. 그런데 요즘 경기가 워낙 좋지 않고, 아파트 시세가 더 떨어진다는 말들이 있어서요."

"네, 그렇게 말하는 분들도 있습니다. 하지만 지금까지 부동산 특히, 아파트 가격은 우상향해왔습니다. 앞으로도 그럴 겁니다. 지금 일시적으로 하락했지만, 매매 시세는 1~2년 내로 회복될 겁니다. 특히, 우리 아파트는 입지도 좋고 상품도 좋아서 입주 시점이면 분양가에서 프리미엄이 생길 수 있습니다. 남향, 판상형, 고층일수록 프리미엄이 높다는 건 잘 아시죠?

"그렇게만 된다면 오죽 좋겠어요."

"고객님, 그뿐만 아니라 이번에 특별혜택이 있으니 잘 들어보세요."

"특별혜택이 뭔데요?"

"저희가 이번에 계약금 안심보장제를 시행합니다. 이번 월요일부터 시행이라서 좋은 동호수 빠지기 전에 잘 오신 겁니다. 다음 주에 오시면 남향, 판상형은 10층 이상은 다 나가서 없을 겁니다. 제가 장담하니다."

"계약금 안심보장제가 뭔가요?"

"계약금 안심보장제는 지금 계약하시면 입주 1년 전에 고객님이 해약을 원하실 경우, 아무런 조건 없이 묻지도 따지지도 않고 해약해드리는 겁니다. 정말 좋죠?"

"아무 조건 없이 해약해주는 게 정말이에요?"

"그럼요. 여기 보시면 계약금 안심 보장 증서가 있죠? 이거 발행해드리니까 안심하셔도 됩니다."

"해약해주면 손해 아닌가요?"

"해약하면 저희가 손해가 맞습니다. 저희 입주가 3년 후라서 2년 후에 해약 신청을 받을 겁니다. 그런데 내년부터는 주택시장이 좋아질 거고, 우리 단지는 아마 프리미엄이 생길 겁니다. 프리미엄이 없더라도 최소한 분양가 밑으로 떨어지지는 않을 거라고 확신하기 때문에 고객님들께 안심하시라고 증서까지 발행해드리는 겁니다."

"그래요? 계약할 때는 그렇게 말해놓고 나중에 이런저런 핑계만 대면서 안 해주는 거 아니죠?"

"고객님, 해약하는 분은 거의 없을 겁니다. 왜냐하면 프리미엄이 생길 거라서요. 고객님 동호수에 프리미엄을 붙여서 팔 수 있는데도 해약하시겠어요? 해약하실 생각이면 그냥 저한테 원분양가로 파세요."

"계약금 안심보장제가 있어서 손해를 볼 일은 없다는 말씀이죠?"

"네, 그럼요. 고객님. 참고로 지금 계약 안 하시면 다른 고객님이 계약하십니다. 좋은 동호수 달라는 고객님이 거의 줄을 서 있거든요."

사업 주체는 도대체 왜 이런 판촉을 시행할까?

분양가가 인근 시세보다 비싸거나, 지역 주택시장이 언제 회복될지 예상할 수 없어서 수요자가 계약을 망설일 때 아무런 조건 없이 계약해제가 가능하다는 점을 강조해서 분양률을 높이려고 시행한다. 또한 사업 주체가 분양률을 높여서 계약금과 중도금을 수금해야 PF대출 이자 비용과 공사비를 충당할 수 있기 때문이다.

만약 고객이 계약을 해제하면 대안은 뭐가 있을까?

계약해제를 접수한 동호수는 준공 시점까지 1년 남은 기간에 매수 수요를 찾아서 전매가 이루어지도록 할 수 있다. 분양대행사 영업직원을 투입하고 인근 공인중개사사무소에 MGM을 지급하면서 준공 시점에는 실제로 계약 해제하는 동호수를 만들지 않는 것이 중요하다.

> ✓ 계약금 안심보장제는 아무런 조건 없이 수분양자가 희망하면 계약 해제할 수 있다는 점에서 파괴력이 있는 판촉이다. 그러나 그만큼 위험성을 감수해야 한다. 지역 주택시장과 신규 공급 물량에 관한 정보를 충분히 수집하고 위험성이 낮다고 판단될 때만 판촉을 시행하는 것이 좋다.

CASE
15

분양가 원금 보장제는
구체적인 내용과 범위를
명시해야 한다

분양가 원금 보장제는 분양하면서 준공 후 일정 기간이 지난 시점에 분양가가 시세가 떨어지면 분양가와 시세의 차액을 보상해서 지급하는 방법이다. 금융위기로 인한 주택시장 침체기에 많이 활용했다. 주택시장은 상승과 하락 주기가 있으며, 최근 주택시장 침체기에 수도권은 회복세로 전환했지만, 지방은 인구 감소, 지방 소멸이라는 이슈와 함께 하락 추세가 지속되고 있어서 언제 회복될지 예측하기 어려운 상황이다. 지방은 준공 미분양 증가가 우려되는 만큼 과거에 적용했던 강력한 판촉이 반복될 수 있다.

분양가 원금 보장제와 관련해서는 2013년 판례(서울중앙지법 2012가합 47864)가 있어서 소개하겠다.

> **〈특약서〉**
>
> **제1조** (분양계약의 해제)
> ① 위 표시 재산의 아파트 시세가 시행사와 시공사가 지정하는 입주 지정기간 종료
> 일 다음 날부터 3개월 시점의 국민(KB)은행 아파트 시세 중 일반평균가를 기준
> 으로 공급 금액(분양가) 이하로 형성되어 수분양자가 분양계약의 해제를 요청할
> 시, 시행사와 시공사는 분양계약의 해제를 승낙해야 한다.

분양계약 특약서에 따르면, 국민(KB)은행 아파트 시세가 기준이 된
다. 실제 입주 지정기간이 종료되고 3개월이 지난 시점에 매도호가와
거래가가 분양가를 밑돌고 있었지만, 국민(KB)은행 아파트 시세는 아직
등록되지 않았다. 사업 주체는 "시세가 아직 나오지 않았으므로 시세가
낮다는 증거가 없다"라며 수분양자의 계약해제 요구를 거절해서 수분
양자가 소송을 제기했다.

법원에서는 대법원 2007다88880 판결 내용을 참고해 수분양자의
손을 들어주었다.

> **〈대법원 2007다88880 판결〉**
> 일반적으로 계약의 해석에 있어서는 형식적인 문구에만 얽매여선 안 되고, 쌍방 당
> 사자의 진정한 의사가 무엇인가를 탐구해야 하며, 당사자 사이에 계약의 해석을 둘
> 러싸고 이견이 있어 처분문서에 나타난 당사자의 의사 해석이 문제가 되는 경우는
> 문언의 내용, 그와 같은 약정이 이루어진 동기와 경위, 약정에 의하여 달성하려는 목
> 적, 당사자의 진정한 의사 등을 종합적으로 고찰하여 논리와 경험칙에 따라 합리적
> 으로 해석해야 한다.

서울중앙지법 2012가합47864 판결 내용은 이렇다.

* 피고들은 아파트 분양홍보물에 '분양가 원금 보장제'라고 기재했고, 계약 당시 원
  고들에게도 특별약정을 이와 같은 취지로 설명한 점.

* 피고들은 특별약정 당시 원고들에게 '특별약정에서 정한 국민은행 시세가 등록되
  지 않을 경우는 분양계약을 해제할 수 없다'는 취지의 설명을 했다고 볼 만한 자료
  가 없는 점.

* 국민은행의 아파트 시세 등록 여부에 따라 분양계약 해제 유무가 결정되도록 해석
  한다면 결국 특별약정에 따른 원고들의 해제권을 무의미하게 만들 우려가 있는 점.

위와 같은 사정을 모두 종합하면 원고와 피고는 이 사건 계약 당시 아파트 시세 등록
이 없는 경우를 예상하지 못한 것으로 보이며, 특별약정 당사자의 진정한 의사는 이
사건 아파트의 시세가 분양가 이하로 형성될 경우, 수분양자인 원고들이 분양계약
해제할 수 있도록 한 것으로 해석함이 상당하다.

이 판결에서 알 수 있듯이, 분양가 원금 보장제를 시행하기 위해서는
계약해제 사유를 구체적으로 명시해야 한다. 아마도 사업 주체는 준공
후 3개월 내에는 국민은행의 아파트 시세가 등록되지 않는다는 사실을
알고 있었을 가능성이 있다. 시세 등록이 되지 않으니 해제 요구를 거
절할 수 있을 거라는 계산을 미리 하고 있었을 수도 있다.

분양가 원금 보장제는 수분양자의 시세 하락 우려에 관한 불안감을
없애줘서 분양률을 높이는 강력한 판촉이지만 신중해야 한다. 계약해
제를 판단하는 시세의 기준 시점과 방식을 구체적으로 명시하고, 돌발
상황에 대한 대비도 필요하다.

✅ 분양가 원금 보장제는 실제 해제 사유가 발생했을 때 사업 주체가 감당하기 어렵다. 2013년 판례에서 알 수 있듯이, 눈 가리기 방식으로 시행하다가는 큰일 날 수 있다. 만약 분양가 원금 보장제를 꼭 시행해야 한다면 보장 범위를 '분양가의 10% 한도' 이런 식으로 정해서 진행하는 것을 추천한다.

실수요시장에서도 빠르게 분양률을 높이려면 동조효과, 군중심리를 활용해야 한다

주택시장은 지역에 따라 시장 상황이 다르다. 주택시장은 정량화할 수 있는 아파트시장을 중심으로 판단하므로, 국내 주택시장에 관한 정책이나 시장 상황은 곧 아파트시장에 관한 내용이라고 이해해도 무방하다.

지역 주택시장은 수도권과 비수도권으로 나눌 수 있다. 수도권과 비수도권 주택시장은 상승, 하락 주기가 다르다. 2008년 금융위기에 따른 주택시장 침체기를 보면 매매 시세 하락 폭과 회복되는 소요 기간에서 차이가 크다. 자세한 사항은 필자가 쓴 《부린이, 2주택자가 되라》의 '주택시장 이해하기 편'을 참고하면 좋다.

수도권에서도 서울과 경기, 인천의 시장 상황은 다르다. 서울은 항상 주택시장을 주도한다. 그중에 강남 3구는 '불패 신화'라는 말이 있을 정도로 경제위기 상황이 와도 가장 먼저 회복하고 우상향하는 지역이다. 그러나 인천과 경기 주택시장은 서울 주택시장이 과열되어 풍선효과로 매매 시세 상승이 이루어진다. 흔히 서울→수도권→지방 광역시→지방 일반도시 순으로 풍선효과가 발생한다는 말이 있다. 인천과 경기도 차이가 있다. 인천은 송도, 청라, 검단 등 신도시를 중심으로 자체적인 확산효과가 있으나, 경기는 서울 접근성이 가장 중요하다. 서울에 인접한 경기 남부지역(성남, 과천, 하남, 안양 등)부터 시작해서 경기 전 지역으로 확산하는 양상을 보인다.

비수도권은 지방 광역시와 일반 시로 구분할 수 있으며, 일반 시는 인접한 광역시의 영향을 받는다. 광역시에서도 서울의 강남 3구처럼 핵심 지역을 중심으로 순차적으로 상승한다. 대구의 수성구, 부산의 해운대구 등을 생각하면 된다. 비수도권에서 가장 중요한 점은 '산업 기반이 있느냐'이다. 대규모 산업단지가 조성되어 있거나 대기업의 핵심 공장이 있어서 산업 기반이 튼튼한 지역은 일자리가 있어서 인구 감소와 지방 소멸의 위기에 상대적으로 안전하다. 그러나 산업 기반이 부족한 지역은 일자리 부족으로 고령화, 인구 감소, 지방 소멸의 직격탄을 맞을 가능성이 크다.

투자 수요가 있는 시장과 실수요시장을 이해하기 위해서는 앞서 언급한 내용을 이해해야 한다. 투자 수요는 기본적으로 서울, 수도권, 광역시 순으로 확산한다. 주택시장 침체기에는 투자 수요가 서울과 일부 수도권에만 존재하지만, 주택시장 회복기에는 지방 광역시로 확산하고, 호황기에는 일부 지방 일반 도시까지 확대된다. 여기서 말하는 일부 지방 일반 도시는 모든 도시가 아니라 공급이 부족하거나 산업 기반이 튼튼한 지역으로 국한된다. 다시 말하면, 투자 수요가 없는 지역은 실수요시장이다. 투자 수요가 없어서 실수요만 있다는 말이다.

그렇다면 실수요 지역에서 실수요만으로 분양률을 높이려면 얼마나 걸릴까? 지역에 따라 달라서 한마디로 설명할 수 없지만, 투자 수요가 있는 지역에 비해서 분양 기간이 오래 걸릴 수밖에 없다. 실수요는 투자 수요만큼 빠르게 행동하지 않기 때문이다.

분양소장이 분양 기간을 단축하기 위해서는 일부 투자 수요를 확보해서 분위기를 조성해야 한다. 여기서 필요한 것은 바로 '동조효과'와 '군중심리'다. 실수요자들이 계약을 망설일 때, 투자자들이 몰려와서 계약하면 실수요자들은 뒤늦게 아차 싶어서 계약을 서두른다. '이렇게 사람들이 몰려서 계약하는데 나도 계약해야 하는 거 아닌가?' 하는 마음이 들기 때문이다. 더구나 주택시장이 호황일 때 '벼락거지'라는 말이 유행했던 적이 있었다. 그때 주택을 구매한 사람의 자산가치가 급등하자 구매하지 않은 사람은 가만히 있었는데 상대적으로 자산가치의 차이가 심해져서 생긴 말이다. 실수요자들은 이런 과거 경험 때문에 쉽게 동조하게 된다.

"고객님, 101동 1501호 지난주부터 고민 중이신데 혹시 결정하셨을까요?"

"아니요. 아직요. '지금 급하게 계약해야 하나?' 하는 생각이 드네요."

"고객님 그러면 일단 가계약이라도 해놓으시는 게 좋습니다. 내일까지 가계약도 안 하시면 다른 분한테 1501호 뺏깁니다. 동호수를 제가 계속 묶어둘 수 없어서 그렇습니다."

"네, 알겠습니다. 고민해보고 알려드릴게요."

- 며칠 후 -

"박 차장님, 안녕하세요. 저번에 15층 가계약할게요."

"고객님 죄송하지만, 그 동호수는 다른 고객님이 계약했습니다. 제가 지난번에 가계약이라도 빨리하셔야 한다고 말씀드렸는데, 안타깝네요. 너무 오래 고민하셨어요. 다음 날까지 결정하셨어야 했는데…."

"아. 그럼, 몇 층이 있나요?"

"A타입 판상형은 이제 102동 903호가 제일 높은 층입니다."

"9층이면 너무 낮은데요."

"고객님, 요즘 계약이 많이 진행되다 보니 하루이틀 지나면 높은 층이 쭉쭉 빠집니다. 지난번처럼 3~4일 고민하시면 아마 5층 이하만 남을 수도 있습니다. 지금은 누가 빨리 입금하고 계약서를 쓰느냐가 중요합니다. 더 낮은 층만 남기 전에 일단 오늘 가계약금 입금하시고 가계약서를 쓰시죠. 정계약은 3일 내 하셔야 합니다."

"한두 푼짜리 물건도 아닌데 너무 번갯불에 콩 볶아먹듯이 하기가 부담스럽네요."

"고객님, 한번 둘러보세요. 상담받는 다른 고객님들이 많이 있죠? 저분들이 모두 고객님의 경쟁자라고 생각하시면 됩니다. 하루에 30명 이상 방문하시니까 3일 고민하시면 거의 100명의 경쟁자가 생기는 겁니다. 아예 계약하실 생각이 없으면 상관없지만 계약할 마음이 있으시면 하루라도 빨리 계약하시는 게 유리합니다."

"네, 어쩔 수 없죠. 오늘 903호 가계약 먼저 할게요. 가계약금 입금했습니다."

"고객님, 잘 생각하셨습니다."

(박 차장이 큰 소리로 외친다.)

"팀장님~ 102동 903호 지금 가계약했습니다. 입금 확인 부탁드립니다."

> ☑ 실수요자는 조급함이 없어서 서두르지 않는다. 그들을 서두르게 만들려면 일부 투자 수요를 발굴해서 분위기를 조성해야 한다. 투자자는 항상 먼저 움직이고, 실수요자는 항상 늦게 따라 움직인다는 사실을 명심하자. 투자 수요를 발굴하면 실수요자에게 '동조효과'와 '군중심리'를 자극해서 빠르게 분양률을 높일 수 있다.

계약금 중 자납할 금액을 최소화하면 투자자 모집을 촉진할 수 있다

미분양 판촉은 실수요자를 위한 혜택과 투자자를 위한 판촉이 있다. 실수요자를 위한 혜택은 중도금 무이자, 발코니 확장 무상, 유상옵션 무상(시스템 에어컨, 붙박이장, 팬트리, 현관 중문, 빌트인 냉장고, 빌트인 김치냉장고 등) 등 분양계약 외에 옵션 계약 비용을 줄여주는 혜택이다.

투자자를 위한 판촉은 계약금 축소, 계약금 일부 무이자대출 등 초기 부담을 줄여주는 조건이다. 계약금은 기본적으로 10%인데, 분양이 잘 안 되면 5%로 축소한다. 투자자는 유상옵션 무상혜택 등에는 관심이 없다. 본인이 입주할 목적이 아니라 나중에 시세차익을 목적으로 계약하기 때문에, 당장 얼마의 투자금이 필요한지만 중요하다. 그래서 사업주체가 광고 홍보할 때도 '입주까지 500만 원 또는 1,000만 원이면 추가 비용 필요 없음'을 강조하는 것이다.

계약금 5%를 적용하는 방법에는 잔금으로 이월하는 방법과 5%를 계약자가 신용대출을 받으면 이자를 사업 주체가 부담하는 방법이 있다. 계약금 중 5%를 잔금으로 이월하면 5% 수금이 준공 시점으로 연기되므로 사업 수지상 금융비용이 발생한다. 공사 기간 3~4년간 분양 대금으로 PF대출 이자와 공사비를 충당해야 하는데, 재원이 부족해질 수 있다. 잔금 이월을 할 수 없으면, 5% 무이자 신용대출 조건을 시행한다. 협약한 금융기관에서 계약자의 신용도를 확인하고 대출 가능 여부를 알려주는데, 대출이 불가능한 고객은 결국 10%를 스스로 납부해야 한다.

계약금 5%로도 분양률이 저조하면 계약금 500만 원 또는 1,000만 원 정액제를 적용하고 나머지는 모두 잔금으로 이월하는 방법, 또는 계약금 5% 중 500만 원은 스스로 납부하고 5%의 나머지는 무이자 신용대출 조건을 적용하는 방법이 있다. 계약금 정액제는 대주단과 중도금 대출 금융기관 모두 협의가 필요하다. 또한, 계약자가 스스로 납부하는 금액이 너무 적어서 향후 해약 가능성이 크다. 다시 말하면 계약자의 경제적 여유가 없으므로, 만약 입주 시점에 매매 시세가 분양가 이하로 떨어지거나 전세 시세가 낮아서 주택담보대출로 잔금을 감당하기 어려울 수 있다. 최근에는 Stress DSR을 확대 시행하고 있어서 대출한도가 더 줄어들고 있다.

Stress DSR이란, 총부채 원리금 상환 비율(DSR) 산정 시 일정 수준의 가산금리(스트레스)를 부과해 대출한도를 축소하는 제도를 말한다.

Stress DSR = [대출원리금(실제 대출금리+스트레스 금리 기준 산정)]/연간소득액 적용 대상은 DSR이 적용되는 모든 대출이며, 은행권은 40%, 2금융권(저축은행, 신용협동조합, 새마을금고, 상호저축은행, 보험사, 캐피탈 등)은 50%다.

| Stress DSR 단계별 시행 내용 |

구분	1단계	2단계		3단계
시행 시기	2024.02.26~08.31	2024.09.01~2025.06.30		2025.07.01(예정)
은행권	주택담보대출	주택담보대출 + 신용대출		주택담보대출 + 신용대출 + 기타대출 등
2금융권	-	주택담보대출		
스트레스 금리	기본 스트레스 금리의 25%	기본 스트레스 금리의 50%	수도권 은행권 주택담보대출은 80%	기본 스트레스 금리의 100%
가산금리	0.38%	0.75%	1.2%	1.5%

정부의 대출 규제가 강화되면 주택담보대출뿐만 아니라 신용대출도 한도가 줄어든다. 결국 투자자 모집을 위해서는 자납 금액을 최소화해야 하는데, 개인별 소득과 기존 대출금액에 따라 신용대출 가능 여부가 달라지므로 계약금 중 일부 무이자 신용대출 판촉도 한계가 있다.

"고객님, 이번에 한시적 특별판촉으로 계약금 5% 중 1,000만 원만 입금하시면 5%의 나머지는 무이자 신용대출로 가능하십니다. 이런 좋은 기회에 계약하시면 어떨까요?"

"정말 1,000만 원만 있으면 계약할 수 있나요?"

"네, 그럼요. 입주 때까지 추가로 납부하실 금액이 없습니다. 계약금 5% 중 1,000만 원 납부하시고, 잔여 계약금은 신용대출을 신청하시고 무이자 혜택을 받으시면 됩니다."

"네. 신용대출은 어디서 받으면 되나요?"

"신용대출은 저희와 협약된 금융기관에서 받으시면 됩니다. 먼저, 소득증빙서류를 금융기관에 제출하시면 대출이 가능한지를 알려드립니다. 그 후에 대출신청서를 작성하시면 됩니다."

"제가 2주택이라서 주택담보대출이 두 개나 있는데 추가로 신용대출이 가능할까요? 스트레스 DSR이 강화되어서 요즘 대출이 얼마 안 된다고 하던데요."

"저희와 협약된 금융기관은 은행이 아니라 새마을금고입니다. 새마을금고는 2금융권이라서 신용대출을 받을 때 DSR만 적용되고, 스트레스 DSR은 아직 적용되지 않습니다. 2금융권 신용대출에 적용되는 건 2025년 7월부터로 예정되어 있습니다. 그러니까 그 전에 계약하시는 게 유리합니다."

"네, 알겠습니다. 그러면 걱정 안 해도 되겠네요."

"네, 맞습니다. 여기 새마을금고 담당자 연락처입니다. 여기로 소득증빙서류 보내시면 일주일 내로 연락드릴 겁니다."

"참, 그런데 혹시 새마을금고에서 대출 안 된다고 하면 어떡하나요? 잔금으로 미뤄주나요?"

"아닙니다. 만약 대출 안 되면 자납하셔야 합니다. 그건 어쩔 수 없습니다."

"그러면 대출되는지 확인하고 계약해야겠네요."

"네, 그러시면 가계약 먼저 하시고 신용대출 확인 후에 정계약을 진행하시면 되겠습니다."

☑ 투자자는 투자금이 가장 중요하다. 투자금이 적어서 리스크도 적고, 수익률을 높일 수 있기 때문이다. 선분양하는 아파트는 분양 대금 중 계약금만 자납하고, 중도금은 대출로 진행한다. 중도금대출은 집단대출이며, DSR 적용 대상이 아니다. 중도금대출은 신용불량자 또는 금융기관 블랙리스트가 아니면 가능하다. 계약금을 줄이는 방법 중 잔금 이월이 가장 효과가 강력하다. 그다음은 계약자 페이백이고, 무이자 신용대출은 가장 약하다. 대출 규제가 점점 심해져서 대출이 안 되는 사람이 늘어나기 때문이다.

계약자 페이백은 당장 효과를 낼 수 있는 장점이 있지만, 마치 브레이크 없이 달리는 기차처럼 중단할 수 없으므로 신중해야 한다

고객은 나중에 혜택을 받는 것보다는 당장 혜택을 받는 것에 반응한다. 분양가가 비싸다는 인식이 있을 때, 사업 주체가 할인 혜택을 준다면 고객은 잔금에서 차감하는 방식보다 페이백을 선호한다. 당장 눈앞에 혜택이 보이는 것을 선호하고, 그게 현금이나 현금과 유사한 것이어야 한다. 현금 외에는 황금열쇠, 상품권 등을 주기도 한다. 특히, 황금열쇠는 금 시세가 상승할 때 현금보다 더 효과가 좋은 적도 있었다. 상품권은 보통 백화점 상품권이나 주유상품권을 주는데, 사용처가 많고, 현금으로 교환하더라도 할인율이 낮기 때문이다.

그렇다면 현금 페이백만 하면 모든 단지를 분양 완료할 수 있을까?

효과적인 수단이기는 하지만, 페이백도 어느 정도 시간이 지나고 선호하는 동호수가 빠지면 추가 판촉을 해야 한다는 점은 다른 판촉과 같다. 페이백이 효과를 발휘하려면 금액이 점점 올라가야 하므로 나중에는 계약금 수준까지 올라갈 수 있다.

페이백은 계약금 입금하고 중도금대출을 신청해 중도금이 기표된 후에 지급하지만, 계약자는 본인의 투자금이 금방 모두 회수되었으므로 손실 부담이 적다. 물론 계약자가 입주 개시일부터 부담해야 할 중도금 대출 이자를 납부하지 않으면 계약자의 신용도가 떨어진다. 당장 계약자의 신용카드 사용이 정지되고, 금융거래에서 불이익을 받는다. 그렇지만 기다리면 사업 주체가 중도금대출기관에 대위변제하고 연체에 따른 신용도 하락 상황은 종료된다.

입주 지정기간이 끝나도 잔금 미납 상태인 세대는 그 후 중도금대출 약정기간이 종료되면 사업 주체가 중도금대출기관으로부터 대위변제 요청을 받게 된다. 그러나 사업 주체는 대위변제할 자금이 없다. 계약금은 이미 페이백으로 돌려줬고, 중도금대출로 입금된 분양 대금은 PF대출 상환, 공사비 지급 등으로 모두 사용한 상태이기 때문이다. 이 상황에서는 결국 시공사가 대위변제하고 해약 세대를 재판매할 수밖에 없다.

분양시장이 안 좋은 시기에 지식산업센터나 오피스텔, 생활 숙박시설 분양에서 계약금만큼 페이백을 지급하는 방식으로 분양한 적이 있다. 분양률이 낮으면 사업 자체가 부도 위험이 있으므로 당장 계약금은 포기하고 중도금을 받아서 PF대출 원금과 이자, 공사비를 지급하기 위한 고육지책(苦肉之策)을 쓰는 것이다. 아파트 분양에서는 이와 같은 고육지책은 최후의 수단이므로 신중해야 한다.

✅ 페이백은 효과적인 판촉 수단이지만, 분양률을 높이기 위해서는 추가 판촉을 할 때마다 페이백 금액이 점점 올라갈 수밖에 없다. 특히, 계약금 수준이 되면 위약금도 없는 상태가 되어 해약에 따른 위험은 사업 주체와 시공사가 고스란히 떠안게 된다. 페이백은 한번 시행하면 중단하기 어려우므로 분양률이 너무 낮을 때는 시행 시기를 신중하게 판단해야 한다.

AI를 활용한 가격 책정 전략 : 다이내믹 프라이싱

다이내믹 프라이싱(Dynamic Pricing)은 상품이나 서비스의 가격을 실시간으로 조정하는 가격 책정 전략이다. 이 모델은 수요와 공급, 시장 상황, 경쟁 상황, 고객의 행동 패턴 등 다양한 요인을 고려해서 가격을 계속 변동시킨다. 현재 여러 산업에서 사용되며, 특히 항공권, 호텔 예약, 스포츠 경기, 콘서트 티켓, 온라인 쇼핑(아마존, 쿠팡 등) 등에서 자주 적용한다. 최근에는 AI 시스템을 도입해서 가격 변동이 실시간으로 수없이 많이 일어난다.

다이내믹 프라이싱의 주요 요소는 다음과 같다.

① **수요와 공급** : 수요가 많을 때 가격을 올리고, 수요가 적을 때 가격을 내리는 방식이다. 예를 들어, 인기 있는 콘서트 티켓은 수요가 많아서 예매 사이트에 예매 경쟁이 발생하면 티켓 가격이 상승할 수 있다.

② **시간** : 특정 시간대나 날짜에 따라 가격이 변동될 수 있다. 예를 들어, 항공권은 출발 날짜가 가까워질수록 가격이 오르고, 호텔은 숙박 날짜가 가까워질수록 가격이 내린다. 극장에서는 손님이 적은 아침 시간에 조조할인을 진행한다.

③ **경쟁 상황** : 경쟁사의 가격 변동에 따라 자사의 가격을 조정할 수 있다. 온라인 쇼핑몰 또는 오프라인 마트에서 '최저가격 보장제[3]'

3) 동일 제품에 대해 자사보다 경쟁사의 가격이 더 싸다는 내용을 증빙하면 차액만큼 돌려줘서 최저가를

등을 홍보하면서 시장에서 경쟁력을 유지하기 위한 전략으로 활용한다.

④ **고객 세그먼트** : 고객의 구매 패턴이나 행동에 따라 가격을 다르게 책정할 수 있다. 예를 들어, 동일 제품을 일정 주기로 반복해서 구매하는 고객에게는 할인 혜택을 제공할 수 있다.

⑤ **이벤트 및 시즌** : 특정 이벤트나 시즌에 따라 가격이 변동될 수 있다. 예를 들어, 여름휴가 기간 또는 학교 방학 기간에는 호텔과 항공권 가격이 상승할 수 있다. 설이나 추석 명절 전에는 과일 등 제수용품 가격이 상승할 수 있다.

다이내믹 프라이싱의 장단점은 다음과 같다.

① **장점**
* 수익 극대화 : 수요가 높은 시기에 가격을 올려 최대한의 수익을 창출할 수 있다.
* 재고 관리 : 재고를 효율적으로 관리할 수 있으며, 재고가 남지 않도록 조정할 수 있다.
* 시장 적응력 : 시장 상황에 빠르게 대응할 수 있어 경쟁력을 유지할 수 있다.

② 단점

* 고객 불만 : 가격 변동이 잦으면 고객이 불만을 가질 수 있다. 특히, 동일한 상품이나 서비스에 대해 다른 가격을 책정하는 상황이 불공정하다고 느낄 수 있다.

* 복잡성 : 가격을 실시간으로 조정하는 시스템을 구축하고 운영하는 데 비용과 노력이 많이 들 수 있다.

* 신뢰 문제 : 고객이 가격 변동에 대해 신뢰하지 않을 수 있으며, 이는 브랜드 이미지에 부정적인 영향을 미칠 수 있다.

> ✅ 다이내믹 프라이싱은 다양한 요인을 고려해 가격을 실시간으로 조정하는 전략으로, 수익 극대화와 시장 적응력 향상에 효과적이다. 그러나 고객의 신뢰와 만족도를 유지하기 위해 신중하게 운영해야 한다.

PART

02

조직 분양 영업 및 MGM 영업

01

조직 분양 영업의 이해

CASE
19

영업직원은 고객에게
제안 방식을 사용해야 한다

영업 방식은 중요하다. 단순히 정보 전달에만 그치는 '안내'나 고객의 니즈를 무시하고 일방적으로 영업직원의 말을 따르도록 하는 '설득'은 피해야 한다. 영업에서는 고객이 기대하는 이익 수준에 맞추어 상품을 추천하는 '제안' 방식을 사용해야 한다. 그래야 고객이 만족할 수 있고, 신뢰도 쌓을 수 있다.

우리는 생활에 필요한 사소한 물건을 구매할 때도 가격비교 사이트를 활용해서 싸고 품질이 좋은 제품을 선택하는 합리적인 소비활동을 한다. 그렇다면 구매하는 상품 중에 가장 비싼 아파트를 구매할 때도 똑같이 합리적으로 선택할까? 결론부터 말하면, 합리적인 선택을 하기 쉽지 않다. 아파트는 필수적인 주거 공간인 동시에 개인이 보유하는 가장 비싼 투자 자산이다. 주목해야 할 사항은 투자 자산이라는 점이다. 절대 고수가 아니면 투자할 때 합리적으로 판단하기 어렵다. 보통 "누가 어디 아파트를 사서 얼마를 벌었다더라. 어디에 개발 계획이 있어서 곧 시세가 오를 거라더라." 이런 말을 들으면 판단이 흐려진다.

마치 홈쇼핑에서 마지막 10분 남았다고 하면 망설이던 시청자의 손이 바빠지고 주문량이 급증하는 것과 같다. 구매하지 않으면 나만 손해를 보는 듯한 마음이 들고, '마감 임박'이라는 말을 듣는 순간 조급함에 이성적인 판단력이 흐려진다. 분양 영업도 마찬가지다. 영업직원이 적절한 시기에 적절한 방법으로 제안해야 성과를 낼 수 있다.

"고객님, 지금 801호가 남아 있습니다. 남향에 판상형 구조라서 인기가 많습니다."

"네, 그런데 30층 건물에 8층이면 좀 낮은 거 같은데 더 높은 층은 없나요?"

"남향에 더 높은 층은 타워형(탑상형) 11층이 있습니다. 그런데 3층 차이면 판상형이 더 좋으실 것 같은데요."

"고민되네요."

"가계약금이라도 입금하시고 하루 더 고민하시는 건 어떠세요? 저만 상담하는 게 아니라서 다른 분이 먼저 가계약금을 입금하면 뺏기니까요. 8층도 하나 남아서 고민하시다가 놓치실 수 있어요."

"과장님들, 801호 지금 가계약금 입금되었습니다."

"앗, 다른 분이 가계약하셨네요. 고객님 그러면 이제 남향, 판상형은 602호가 가장 높은 층입니다. 6층 이상은 저층이라고 보기 어려워요. 이것마저 놓치면 5층 이하만 남습니다."

"6층은 너무 낮은데 어떻게 8층 계약할 수 있는 방법이 없나요?"

"방금 가계약이 되어서 어쩔 수 없습니다."

"6층은 아닌 거 같아요. 다른 아파트 알아보는 게 낫겠어요."

"아, 고객님, 그러면 한 가지 방법이 있긴 합니다. 오늘 계약금 전액 입금하시면 가능합니다. 가계약보다 정계약이 우선이니까요. 혹시 지금 바로 계약금 입금하실 수 있으세요?"

"그건 가능하죠."

"그러면 잠시만 기다려주세요."

– 본부장과 상의 후 돌아온다 –

"고객님, 지금 입금하시고 계약서 쓰시면 됩니다."

"네, 알겠어요. 입금할게요."

영업직원은 고객이 원하는 상품을 제안해야 한다. 그러나 너무 많은 선택지를 제시하거나 고민할 시간을 너무 많이 주면 안 된다. 내가 원하는 상품은 다른 사람도 원한다는 점을 인식시켜주고, 항상 경쟁 상황에 있으므로 빠른 판단이 필요하다는 점을 알려줘야 한다.

> ✓ 관심이 있는 고객을 상담할 때 최종 계약체결을 잘하는 영업직원은 고객에게 적절한 시기에 적절한 방법으로 제안하는 사람이다. 망설이는 고객은 선택지가 너무 많거나 고민할 시간이 많으면 일반적으로 계약을 체결하지 않는다. 결단력이 부족한 우유부단한 사람도 마찬가지다. 확실한 계약 의사가 없는 사람은 선택지를 고르지 못하거나 시간이 지날수록 망설이기만 하다가 결국 선택을 포기한다.

CASE
20

영업직원은 고객과
신뢰를 형성해야 한다

초기 조직 분양 영업에서는 잘못된 상담이 많았다. 일명 Over Briefing이라고 한다. 고객을 계약으로 유도하기 위해서 수단과 방법을 가리지 않았는데 과장된 상담이 많아서 나중에 입주자 사전점검을 할 때 문제가 발생했다. 상담받은 내용과 다르게 시공되었다는 말인데, 모델하우스를 관람했지만, 상담 내용은 달랐다는 것이다.

2013~2014년 경기도 현장에서 입주자 사전점검 기간의 일이다.

"사전점검을 했는데 상담받은 내용과 다르게 시공되었어요. 어떻게 하실 거죠?"

"계약자님, 화내지 마시고 우선 진정하세요. 어떤 점에서 다르게 시공되었는지 차분히 말씀해주시겠어요?."

"주방에서 보조주방 사이에 통유리로 시공된다고 했는데 벽으로 되어 있어요."

"그 부분은 원래 유리가 아니라 벽으로 시공됩니다. 모델하우스에도 그렇게 시공되어 있었습니다. 모델하우스에서 확인하시지 않으셨나요?"

"모델하우스에서 봤는데, 상담하는 분이 실제 시공은 통유리로 해준다고 했단 말이에요."

"계약자님, 모델하우스는 실제 시공되는 상태를 미리 보여드리는 겁니다. 그리고 해당 부분은 유리로는 시공될 수 없습니다."

"분명히 그렇게 상담받았는데, 내가 거짓말하고 있다는 말이에요?"

"그런 뜻이 아닙니다. 모델하우스에 건립된 세대 유닛이나 단지 모형 및 분양홍보물은 실제 시공하는 대로 만들게 되어 있습니다. 카탈로그를 보시면 세대 평면에 유리로 되어 있지 않습니다. 상담직원의 상담 과정에서 불편이 있으셨다면 사과드리겠습니다."

"그건 그렇고 시스템 에어컨 설치가 안 되어 있던데, 언제 설치하나요?"

"잠시만요. 확인해보겠습니다. 101동 1001호 계약자님 맞으시죠? 발코니 확장은 무상으로 시공해드립니다. 그러나 시스템 에어컨은 유상옵션 품목인데 옵션 계약을 하지 않으셨네요."

"뭐라고요? 시스템 에어컨 무상으로 해준다고 했었는데 무슨 소리예요?"

"모든 분양홍보물에 시스템 에어컨은 유상옵션이라고 명기되어 있고, 옵션 금액과 납부 조건도 있습니다."

"그건 그런데 상담할 때 특별히 해준다고 했다니까요. 그때 그 상담하신 분 좀 오라고 하세요."

"유상옵션 품목은 만약 무상 제공을 하게 되면 약정 금액을 0원으로 기재해서 옵션 계약서를 발행합니다만 이 현장은 무상 제공이 아닙니다. 발코니 확장과 헷갈리신 게 아닐까요?"

"이 양반이 나를 지금 바보 취급하네. 나랑 장난해요. 지금? 이런 식으로 할 거면 해약해주세요. 내 돈을 당장 돌려줘요. 아니다. 이자까지 포함해서 줘요."

"분양계약서에 보시면 해약 사유가 명기되어 있습니다. 안타깝게도 해약 사유는 되지 않으십니다. 상담직원과 상담 과정에서 오해가 있었던 것 같습니다. 상담사의 설명에서 오해가 있었다면 상담사 교육에 신경을 더 쓰겠습니다. 죄송합니다."

초기 조직 분양 영업은 수많은 민원을 발생시켰다. 그래서 머지않아 없어질 줄 알았다. 그러나 조직 분양 영업 본부장, 팀장들과 시공사 분양소장의 노력으로 개선 과정을 거쳤다. 계약서 발행 전에 상담 내용에 관해 최종 점검을 하고 상담 내용 확인서를 받으면서 과장된 상담은 없어졌다.

조직 분양 영업은 수요를 발굴하는 영업이라서 마구잡이식으로 계약을 유도하는 것처럼 보일 수도 있다. 그러나 나름대로 규칙이 있다. 고객과 신뢰를 형성해야 한다는 것이다. 개인정보보호법 위반 문제가 중요한 이슈로 부각하면서 조직 분양 영업을 할 때 과거 현장에서 사용한 고객 DB는 다른 현장에서 활용할 수 없다. 그러나 실제로는 일정 부분 문제없이 활용되고 있다. 그 이유는 뭘까?

상담부터 계약체결까지 이루어진 고객들은 영업직원과 어느 정도 신뢰가 형성되었기 때문이다. 신뢰가 형성된 고객은 개인 정보 활용에 관해 문제를 제기하지 않는다. 다른 투자 상품을 소개하는 마케팅으로 인식한다. 특히, 주택시장 침체기에 미분양 세대를 분양받았다가 시장이 회복되면서 시세가 상승하면 계약자는 영업직원을 활용해서 투자처를 소개받으려고 하는 상황도 생긴다. 이런 이유로 조직 분양 영업은 주택시장 활황기에는 주목받지 못하다가 주택시장 침체기에 주목을 받는다.

> ☑ 조직 분양 영업은 최초에 수단과 방법을 가리지 않고 계약을 유도하는 것에서 벗어나서, 고객과의 신뢰를 바탕으로 투자처를 추천하는 방식으로 발전했다. 주택시장 침체기에는 일반인들은 어떤 투자처를 선택해야 할지 판단하기 어렵다. 이때 조직 분양 영업직원의 영업력이 진가를 발휘한다. 레이첼 보츠먼(Rachel Botsman)이 '신뢰 이동[4]'에서 말하는 '분산적 신뢰가 발현된 하나의 예로 볼 수 있지 않을까?' 하는 생각이 든다.

---

4) 레이첼 보츠먼은 '신뢰 이동'에서 3단계 신뢰를 설명한다. 첫 번째는 모두가 서로를 아는 소규모 공동체인 '지역적 신뢰'다. 두 번째는 지역 공동체에서 벗어나서 조직화된 산업사회로 발전하는 과정에서 구축된 신뢰인 '제도적 신뢰'다. 세 번째는 전문가나 엘리트 집단, 정부 등에 독점되어 있던 신뢰가 가족과 친구, 동료, 낯선 사람, 플랫폼, 프로그램, 브랜드 등으로 다양해지는 '분산적 신뢰'다. 현재 '제도적 신뢰' 사회에 살고 있지만, '분산적 신뢰'가 가미되는 현상이 확산하고 있다고 말한다. 에어비앤비, 우버, 비트코인, 알리바바 등을 예로 들어 설명하고 있다.

CASE
21

영업력을 유지하기 위해서는
계속 동기부여를 해줘야 한다

영업력을 유지하기 위한 동기부여는 크게 두 가지가 있다. 영업직원에 대한 금전적인 인센티브와 계약자 혜택 제공을 통한 판매 조건 완화다.

먼저, 영업직원에 대한 금전적인 인센티브를 살펴보자. 급여로 받는 상담직원은 인센티브 조건이 있어야 동기부여가 된다. 오픈 초기에는 청약 일정을 준수해야 하므로 청약상담, 고객 반응, 타입별, 라인별 선호도 등 고객 반응을 파악해 청약률과 분양률을 예측하고 극대화하는 것에 중점을 둔다. 그러나 미분양 판매로 넘어가면 방문객·인바운드 (In-Bound), 아웃바운드(Out-Bound) 등 고객 DB를 활용해서 계약 실적을 올려야 하므로 급여만 지급하면 동기부여가 되지 않는다. 개인별 세대당 인센티브 또는 분양률 목표 달성 인센티브 조건을 제시한다. 개인 실적과 팀 실적이 모두 중요하기 때문에 두 가지 인센티브 조건을 모두 제시하기도 한다. 청약제도의 이해도는 높으나 고객을 계약으로 유도하는 설득 노하우가 부족한 직원은 자연히 도태되어 다른 오픈 현장으로 이동하고, 실적이 높은 직원은 계속 실적을 올리면서 인센티브를 받는다.

실적 수수료로 받는 조직 분양 영업직원은 분양률이 높아져서 잔여 세대가 줄어들수록 수수료를 올려줘야 동기부여가 된다. 조직 분양 영업조직은 분양대행사 외에 조직 본부장, 팀장, 팀원으로 구성되는데, 본부장은 팀장 섭외 능력과 좋아야 하고, 팀장은 팀원들과 단합력이 중요하다. 기본 세대당 수수료를 높여주기도 하지만 주 단위 실적 인센티브를 제시하는 경우가 많다. 월 단위가 아니라 주 단위인 이유는 조직 분양 영업직원들은 모두 개인 사업자라서 소속감이 없기에 1~2주 영업하고 실적이 없거나 계약하기 어렵다고 판단하면 언제든지 이탈한다. 월 단위로 동기부여를 하면 템포가 늦다. 주 단위로 인센티브를 제공하는 게 좋다.

다음으로, 계약자 혜택 제공을 통한 판매 조건 완화다. 미분양 세대를 판매하다 보면 잔여 세대는 기계약 세대보다 분양성이 떨어진다. 선호도가 높은 세대, 판매하기 쉬운 세대부터 계약되기 때문이다. 판매속도를 높이고 영업조직을 유지하기 위해서는 저층, 동향, 서향, 타워형(탑상형), 옹벽 세대 등 열위 세대를 대상으로 추가 판촉을 적용한 계약유인책이 필요하다. 발코니 확장 무상 제공, 일부 유상옵션 무상 제공, 페이백 사은품 제공, 계약금 조정(10% → 5% 또는 정액제), 중도금 무이자, 중도금 일부 잔금 이월(계약체결일 전에 이미 도래한 중도금 회차는 잔금으로 이월), 잔금 일부 유예, 잔금대출 이자 지원, 입주지원금(이사비 등) 지급, 취득세 지원, 애프터 리빙(After-Living) 등 많은 판촉이 있다. 잔여 세대의 매출과 사업 수지를 고려해서 단계적으로 적용한다.

✅ 분양 실적은 중도금 1회차 약정일 전에 분양 완료하면 Best, 준공 전에 분양 완료하면 Normal, 준공 후에도 미분양이 있으면 Worst 상황이다. 분양시장이 활황기에는 대부분 Best 상황이지만, 침체기에는 Normal 상황이 많고, Worst 상황도 생긴다. Worst 상황이 발생하지 않도록 적절한 시기에 최대 효과를 낼 수 있는 판촉(동기부여)을 고민해서 도입해야 한다.

CASE
22

잘 파는 영업조직의
특징을 알아야 한다

영업조직은 많지만 다 같은 영업조직은 아니다. 영업조직을 이해하기 쉽게 편의상 3개 등급(상, 중, 하)으로 나누어 설명하겠다.

'상'에 해당하는 영업조직은 어느 지역, 어느 현장에서도 항상 실적을 잘 내는 탁월한 영업력을 갖춘 인력이다. 본부장과 팀장, 팀원의 역할 분담이 명확하고 유기적으로 움직인다. 한마디로 말하면, 이들은 조직적인 영업 기술(일명 꺾기)이 뛰어나다. 비유적으로 말하면, 이들은 한번 물면 놓지 않는 마치 '도베르만' 같다.

기본적으로 팀원이 고객을 상담해서 계약을 체결하지만, 팀원이 꺾기가 잘 안 되면 바로 팀장이 지원한다. 사람은 상대방의 권위에 따라 신뢰감이 다르다. 과장, 부장보다 팀장의 말에 더 신뢰한다. 팀장의 지원사격이 이루어지면서 실적이 늘어난다. 팀장이 지원해도 쉽지 않은 고객은 본부장도 합류한다. 본부장은 영업조직의 책임자급이라는 인식이 강하고 더 높은 사람이므로 고객은 본부장의 말을 더 신뢰한다. 본부장까지 합류하면서 상담한 고객을 거의 놓치지 않고 계약으로 유도한다.

또한, 이들은 영업뿐만 아니라 광고 홍보에도 적극적인 모습을 보인다. '중'이나 '하'에 해당하는 영업조직은 건설사나 분양대행사에서 광고 홍보 지원만을 바라지만, 이들은 스스로 유튜버를 섭외하거나 본인 유튜브 채널에 올리고, 네이버 블로그, 인스타그램 작업을 하면서 고객을 유치한다. 내가 돈을 많이 벌려면 필요한 돈은 기꺼이 쓴다는 태도를 보인다. 게다가 이들은 조직력이 있어서 현장을 이동하더라도 함께 이동하는 경우가 많다. 서로가 신뢰하고 파이팅이 넘치므로 가능한 일이다. 분양소장은 이런 영업조직을 확보해야 실적을 빠르게 올릴 수 있다.

'중'에 해당하는 영업조직은 어느 지역, 어느 현장에서는 실적을 잘 내지만 다른 지역, 다른 현장에서는 실적을 잘 내지 못한다. 이들은 영업에 적극성은 있으나 확실한 영업 기술이 없다. 이들은 판촉 조건을 가장 주목한다. 예를 들면, 계약금 5% 또는 정액제, 분양가 원금 보장제 등 강력한 판촉을 시행하는 단지만 찾아다닌다. 다른 판촉 조건보다 투자자 관점에서 리스크가 적은 원금 보장제가 있거나, 초기 계약금이 적으면 꺾기가 수월하기 때문이다.

이들은 고층, 판상형 판매가 끝나서 꺾기가 잘 안되면 슬슬 짐을 싸고 이동할 준비를 한다. 새롭게 판촉 조건이 나온 현장은 어디가 있는지 수수료 인상한 현장은 어디인지 검색한다. 가장 현장 이동이 많은 부류이기도 하다. 이들은 자연스럽게 흘러들어왔다가 물 흐르듯이 빠져나간다.

물론, '중'에 해당하지만 '상'이 되려고 노력하는 영업조직도 있다. 이들은 잘 파는 조직이 있으면 경쟁도 하지만 벤치마킹하려는 자세를 가지고 있다. 팀원은 능력이 있는 팀장을 찾아다니고, 팀장은 평판이 좋고, 리더십이 있는 본부장을 찾아다닌다. 이들은 성장 잠재력이 있어서 분양소장이 확보할 대상이다.

'하'에 해당하는 영업조직은 어느 지역, 어느 현장에 가도 실적이 두드러지지 않는다. 분양소장과 분양대행사 입장에서 영업직원 인원수를 100명 또는 200명으로 유지할 목적에 따라 필요한 인원에 불과하다. 심하게 말하면, 어느 현장을 가도 돈을 못 버니까 갈 데 없어서 그냥 남아 있는 인원일 수도 있다.

이들은 데스크 상담사와 비슷할 정도로 영업에 적극적이지 못하거나, 영업 기술(꺾기)이 부족하다. 가장 큰 문제는 본인의 영업 기술이 부족하다고 생각해서 잘하는 직원을 벤치마킹하려는 생각보다는 판촉 조건을 탓한다. "이 조건으로는 안 팔려. 분양가가 너무 비싸. 위치가 안좋아." 이들은 본인이 실적을 못 올리는 수많은 핑계를 대고, 판촉 조건을 탓하며 자기 합리화하느라 바쁘다. 이런 직원들은 일부러 내보내면 밖에서 욕하면서 안 좋은 소문을 퍼뜨리기 때문에 자연스럽게 나가도록 유도하는 게 좋다.

✅ 영업조직은 양적 규모도 중요하지만, 질적 수준이 더 중요하다. 역량이 뛰어난 조직은 50명이 있어도 100명보다 더 실적을 잘 낼 수 있다. 분양소장은 '상'에 해당하는 영업조직의 특징을 잘 파악해서 알고 있어야 한다. 지금 내 현장의 실적이 만족스럽지 못하다면 영업조직의 역량을 점검해야 한다. 그들 중 대부분이 '상'이 아니라 '중'이나 '하'에 해당할 수 있다.

영업팀의 역량을 강화하는 방법을 알아야 영업력을 상향 평준화시킬 수 있다

조직 분양 영업조직의 본부장, 팀장, 팀원은 모두 개인 사업자다. 본부장이 대대행을 하거나 LMS 벌금 처리 등 필요에 따라 법인을 보유한 경우가 있지만 1인 법인이다. 각자가 누구에게 소속되어 있지 않다는 말이다. 본부장, 팀장, 팀원으로 역할 분담이 되어 있지만, 이들은 필요에 따라 함께 일하는 협업 관계에 불과하다. 마음이 서로 안 맞거나 불편한 말을 들으면 아무런 미련 없이 헤어진다.

'상'에 해당하는 영업조직은 그냥 놔두면 알아서 실적을 잘 낸다. 그러나 '중'에 해당하는 영업조직은 업그레이드가 필요하다. '하'에 해당하는 영업조직은 업그레이드가 쉽지 않다. 본인이 스스로 배우려는 자세가 있는 사람만 가능하다.

영업력을 강화하는 방법은 무엇일까?

먼저, 영업직원 스스로가 본인의 영업 기술이 부족하다는 것을 깨닫게 해줘야 한다. 영업직원들은 대부분 마케팅을 공부하지 않았다. 영업 기술을 누구한테 따로 배우지도 않았다. 어깨너머로 보면서 현장에서 실전에 부딪히면서 각자 자기만의 방식을 터득했다. 그러므로 영업직원, 영업조직 간의 역량 차가 크다. 그리고 몇 년을 경험하면 본인이 다 안다고 착각하기 쉽고, 결국 본인의 경험에 머물러서 정체된 직원이 많다. 이들은 '상'에 해당하는 영업조직에 들어가거나 경쟁하면서 스스로 부족하다는 점을 깨달아야 한다. 같은 공간에서 똑같이 고객을 상담해도 나보다 더 많은 실적을 올리는 직원들을 옆에서 보고 비교하면서 상대적 박탈감을 느껴야 한다. 그래야 배우려는 마음을 갖게 된다. 그렇지 않은 상태에서는 아무리 좋은 기술을 알려줘도 잔소리로만 생각하고 오히려 현장을 이탈하는 부작용이 생길 수 있다.

다음으로, 개인 면담을 통해서 잘 파는 영업직원의 팁을 알려줘야 한다. 영업직원들에게 공개적으로 어떤 식으로 영업하면 도움이 된다는 방식은 피해야 한다. 집중해서 들어야 하는 영업직원들이 관심이 없고, 잘 파는 영업직원들은 왜 우리의 노하우를 알려주냐고 하면서 항의할 수 있다. 따라서 실적에 대한 욕심은 있으나 영업 기술이 부족해서 고민하는 영업팀장을 따로 불러서 개인 면담 시간을 가져야 한다. 수용하려는 자세가 있는지 먼저 확인한 후에 "잘 파는 팀의 영업활동을 살펴보니까 팀장님 팀하고 다른 점이 이런 부분이더라. 이런 방식을 참고해서 영업을 해보면 도움이 될 거 같다." 이런 식으로 조언을 해주면 감사한 마음으로 받아들인다. 팀장의 개인 면담은 '총괄본부장이 특별히 우리 팀을 더 챙겨주나 보다'라고 생각해서 동기부여가 될 수 있다.

✅ 조직 분양 영업에서 영업력을 높여서 상향 평준화하기는 정말 쉽지 않다. 잘 파는 '상'에 해당하는 조직이 있어야 하고, 또 '중'에 해당하는 조직이 배우려는 자세를 갖고 있어야 한다.

02

영업조직의 구성과 운영

CASE
24

영업조직을 재구성하면
초반에 지명 고객을 늘릴 수 있다

모델하우스 방문 고객은 워킹 고객과 지명 고객으로 구분한다. 워킹 고객은 광고 홍보를 보고 처음 방문하는 고객으로 전담 영업직원이 아직 배정되지 않은 고객을 말한다. 지명 고객은 인바운드를 통해 영업직원이 배정되었거나 영업직원이 이전에 상담한 적이 있어서 방문을 직접 유도했거나, 워킹 고객을 영업직원이 배정받은 후에 재방문한 경우, 다시 말해서 전담 영업직원이 배정된 고객을 말한다.

광고 홍보를 대대적으로 진행하면 광고 매체를 보고 문의하거나 방문하는 워킹 고객이 늘어난다. 그러나 워킹 고객은 단순 방문도 많아서 가계약 없이 바로 정계약으로 체결될 확률이 낮다. 워킹 고객은 배정받은 영업직원이 상담한 후, 다시 방문하면 그 영업직원의 지명 고객이 된다. 분양소장은 워킹 고객을 늘리기 위해서 적절한 광고 홍보를 꾸준히 진행해야 한다. 그러나 비용이 수반되기 때문에 광고 홍보를 통한 워킹 고객 유치에는 한계가 있다.

지명 고객의 방문을 빠르게 늘리는 방법은 영업조직의 재구성이다. 영업조직은 돈을 따라 움직인다. 이런 현상은 2012~2015년에 비해 최근 2023~2024년에 더욱 심해졌다. 한 현장에서 끝까지 마무리하는 조직은 드물다. 높은 층부터 팔다가 저층이 남으면 계약 속도가 떨어지는 것은 당연하다. 이때 수수료 인상이나 추가 조건 변경이 없으면 아무런 고민도 하지 않고 다른 현장으로 떠난다. 이들은 붙잡을 수도 없고, 붙잡을 필요도 없다. 그렇게 영업조직원들은 여러 현장을 계속 돌아다닌다.

따라서 초기에 조직 분양 영업을 시작했다면 중간에 영업조직의 재구성은 필수 과정이다. 영업조직 재구성은 번거로운 과정이다. 조직 본부장은 팀장을 섭외해야 하고, 팀장은 팀원을 섭외해야 한다. 일정 규모의 영업조직을 유지하기 위해서는 현장이 끝날 때까지 반복해야 하는 과정이므로 본부장이나 팀장이 영업에 집중하기 어려운 단점이 있다.

그러나 장점도 있다. 새로운 영업팀 또는 인력이 투입되면 그들이 기존에 상담했던, 보유하고 있는 고객을 활용해서 영업할 수 있다는 점이다. 이때 지명 고객의 방문이 늘어난다. 'case 20. 영업직원은 고객과 신뢰를 형성해야 한다' 부분에서 기술한 것처럼, 영업직원과 신뢰를 형성한 고객은 계약체결 확률이 높다.

"홍길동 고객님, 안녕하세요? 몇 달 전에 상담했던 김유신 부장입니다. 저 기억하시겠어요?"

"네, 기억하죠. 안녕하세요? 오늘은 어떤 일이세요?"

"제가 이번에 현장을 옮겼습니다. 여기 현장은 좋은 투자처라서 연락드렸습니다. 제가 아무거나 추천하지 않는 건 잘 알고 계시죠?"

"네, 그럼요."

"지난번에 계약하신 아파트는 시세가 많이 올랐죠?"

"네, 좀 올랐어요. 호호호."

"맞습니다. 고객님, 이번에도 시세가 오를 수 있는 아파트라서 추천하려고 합니다. 1군 브랜드의 아파트이고, 입지가 좋아서 만족하실 겁니다."

"네, 그래요?"

"네, 이번 주말에 모델하우스 방문하시면 상세하게 설명해드리겠습니다. 모델하우스 주소랑 약도는 바로 문자로 보내드리겠습니다. 몇 시쯤 오실 수 있으신가요?"

"이번 주말은 좀 바쁜데요."

"고객님, 이왕 투자하시려면 좋은 동호수 있을 때 계약하시는 게 좋은 건 잘 아시죠? 요즘 계약이 많이 진행되고 있어서 바쁘시더라도 이번 토요일에 방문하시는 게 어떨까요?"

"음. 네, 그러면 김유신 부장님만 믿고 토요일 오후에 잠시 시간 내볼게요. 바쁜데 들르는 거니까 좋은 동호수 꼭 빼놓으실 거죠?"

"네, 그럼요. 제가 특별히 좋은 동호수 빼놓겠습니다. 대신 토요일에 꼭 오셔야 합니다. 토요일이 지나서 오시면 동호수 다른 고객님한테 빼앗깁니다. 아시죠?"

"네, 알겠습니다. 토요일에 갈게요."

☑ 조직 분양 영업에서 조직인력 세팅은 영업의 성패를 좌우한다. 그러나 조직 영업직원들에게 소속감, 책임감, 충성심(Loyalty) 등을 기대할 수 없다. 계속 새로운 인력을 섭외해서 재구성해야 한다. 번거로운 점은 많지만, 새로운 인력이 들어오면 그들이 본인의 기존 고객들에게 영업함으로써 단기간에 지명 고객 방문을 늘릴 수 있는 장점이 있다.

'잘 팔려서 돈 버는 현장'이라고
소문나면 영업조직은 자연스럽게 모인다

영업조직이 과거에는 수수료가 가장 중요했고, 판촉 조건은 조금이라도 변경이 있으면 된다는 식이었으나, 최근에는 수수료가 많다고 해도 판촉 조건을 보고 팔릴 수 있는 현장에서만 일하려고 하는 경향이 강하다. 판촉 조건이 강력해서 돈 좀 벌 수 있을 것 같다는 소문이 나면 영업조직 모집은 어렵지 않다. 오히려 서로 들어오겠다고 연락이 오기도 한다. 그러나 판촉 조건이 강력하지 않거나 수수료가 적으면 모집이 어렵다. 조직 분양 영업을 하는 현장이 너무 많아서 영업직원의 수요가 공급보다 많기 때문이다.

분양소장이 생각하기에 '분양가가 너무 비싼데 이 판촉이 과연 고객에게 효과가 있을까?'라는 의구심이 든다면 영업직원들의 생각도 마찬가지다. '이 판촉 조건이면 고분양가를 극복할 수 있을 것이다'라고 생각하고 인원이 적더라도 능력이 뛰어난 영업조직을 섭외해서 판매 실적을 올려야 한다. 그렇게 되면 반신반의하던 영업직원들이 '어라, 안 될 줄 알았는데 그 조건에 팔리네. 나도 한번 가볼까?'라고 생각하게 된다.

소셜미디어의 발달로 영업직원들의 구인 구직 채널은 매우 활발하다. 네이버 밴드에 '조직 분양' 또는 '분양 상담'을 검색하면 무수히 많은 구인, 구직 정보 공유 밴드가 보인다. 여기서 각 현장의 판촉 조건과 수수료 조건이 거의 실시간으로 공유된다고 보면 된다. 그런 만큼 어느 현장이 잘 팔려서 돈을 벌고 있고, 어느 현장이 잘 안 팔려서 돈을 못 버는지도 바로 알게 된다.

분양소장은 이런 점을 알고 잘 활용해야 한다. 판매되는 물량이 한정적이라면 기본 수수료에 시상을 강하게 걸어서 돈을 벌 수 있게 만들어주는 방법도 있다. 통상적으로 시상은 분양대행사 또는 조직 본부장이 주 단위로 50~100만 원 정도 한다. 그러나 필자는 분양소장이 직접 구간별로 1,000~3,000만 원의 시상을 내걸고 잘하는 본부, 팀을 섭외한 경험이 있다. 이 전략은 어느 정도 효과가 있었고, 능력이 뛰어난 본부가 들어와서 실적을 내고 돈을 번다는 소문이 나자, 영업직원도 추가로 모집할 수 있었다.

> ☑ '상'에 해당하는 능력이 뛰어난 본부, 팀을 섭외하고, 그들이 돈을 벌고 있다는 소문이 나면, 영업조직을 추가로 모집하는 데 가장 효과가 크다. 돈을 따라 움직이는 조직 분양 영업직원의 특성에 따라 '잘 팔린다는 소문, 돈 벌고 있다는 소문'은 가장 큰 유인책이다.

모델하우스가 인접한 지역에서는
조직원이 중복으로 출석하는지,
문어발식 영업을 하고 있는지 확인해야 한다

1~2기 신도시와 같이 대규모 택지지구에서 분양할 때는 비슷한 시기에 여러 단지가 동시분양 또는 비슷한 시기에 순차적으로 분양하기 때문에 모델하우스가 모여 있는 경우가 많다. 2기 신도시 분양 당시에도 LH공사에서 일부 부지를 모델하우스 건립용으로 임대하면서 모델하우스촌이 형성되었었다.

대규모 택지지구가 아니라도 모델하우스는 접근성이 양호하고, 대지면적은 300~500평 규모가 필요해서 도시의 상업지역에서는 부지를 구하기가 어렵다. 변두리 쪽이나 용도가 유통상업지역인 곳 등에 모델하우스가 밀집해서 건립되는 경우가 많다.

'HJ건설'과 같이 모델하우스를 전문적으로 임대·전대하는 회사도 있다. 수도권에 모델하우스가 밀집한 지역은 여러 곳이 있다. 두 군데만 소개하면, 서울은 경부고속도로 양재IC에 인접한 코스트코 양재점과 서초 종합체육관 사이의 유통 업무지역에 있고, 경기도 남부에는 신분당선 동천역 인근의 유통 업무지역에 있다.

모델하우스가 밀집해 있으면 영업에 있어서 장점, 단점이 모두 있다.

장점은 첫째, 고객 방문을 유도하기가 상대적으로 쉽다. A사의 광고 홍보를 보고 모델하우스에 방문했지만, 옆에 있는 B사와 C사의 모델하우스도 방문하기 때문이다. 마치 마트나 백화점에 방문해서 여러 상품을 비교해본 후에 구매하는 것과 같다. 광고 홍보에 많은 예산을 투입하지 않더라도 분양가 경쟁력이 있거나 입지, 브랜드 등에서 우위가 있는 단지는 '무임승차'를 하면서 빠르게 실적을 올릴 수도 있다. 신도시에서 동시분양을 진행할 경우는 여러 건설사가 비용을 분담하고 협력해서 통합광고를 진행하기도 한다.

둘째, 같은 지역에서 경쟁이므로 경쟁사 간에 서로의 단점을 공격하기도 하지만 지역의 호재나 장점을 부각하는 홍보에서는 협력할 수 있다. 동탄2신도시 분양할 때는 모든 건설사가 SRT 동탄역, GTX-A 동탄역 개통 호재를 강조했고, 평택 고덕신도시와 지제역 인근 도시개발사업지를 분양할 때는 모든 건설사가 SRT 지제역 개통 호재와 삼성전자 직주근접을 강조했다.

셋째, 모델하우스는 항상 주차할 공간이 부족한데 모델하우스가 밀집한 지역에서는 주차장을 공동 사용하는 경우가 많아서 주차 공간 부족에 관한 걱정을 할 필요가 없다.

단점은 첫째, 영업 경쟁이 심해서 확실한 장점이나 셀링포인트가 없으면 실적을 올리기 힘들 수 있다. 열심히 홍보하고 상담했지만 정작 계약은 다른 모델하우스에서 하는 경우가 있다. 반대의 경우도 물론 있다. 그러나 쏠림 현상은 어쩔 수 없으며, 입지가 압도적으로 좋거나 분양 조건이 좋은 경쟁 단지가 있으면 무리하게 경쟁하면서 예산을 집행하기보다는 경쟁 단지의 분양률이 70~80% 정도 되어 저층 위주로 남아 있을 때 공격적으로 광고 홍보와 판촉을 시행하는 게 낫다.

둘째, 영업직원이 여러 단지에 중복으로 출석하면서 문어발식 영업을 할 수 있다. A 모델하우스에 소속되어 있지만, B 모델하우스에서 조건 변경을 해서 판매가 더 쉬워지면 A에서 B로 이동하는 영업직원도 있지만, 양쪽에 걸쳐 있으면서 영업하는 직원도 있다. 고객을 놓치지 않겠다는 열정은 인정할 수 있지만, A 모델하우스 분양소장으로서는 도저히 용납할 수는 없는 일이다. 오히려 B 모델하우스 분양소장은 모른 척할 수도 있다.

이러한 중복 출석과 문어발식 영업을 방지하기 위해서는 조직 영업 본부장 주재하에 오전 조회가 필요하다. 조회 시간이 있어야 다른 현장에 출석하러 갈 수 없기 때문이다. 분양소장은 분양대행사 본부장과 함께 조직 영업 본부장으로부터 조회의 주요 내용 및 건의 사항을 들으면 좋다.

분양대행사에서 영업직원의 중복 출석을 알면서도 묵인하는 예외적인 경우도 있다. 시공사 본사 또는 분양소장이 영업조직의 질보다 양에 너무 집착해서 최소 인원을 몇 명은 채워야 한다는 강박을 심어줄 때 그렇다. 100명 이상 또는 200명 이상 세팅하고 출석해야 한다고 압박을 주는데, 분양대행사에서는 도저히 추가로 모집할 수 없으면 어쩔 수 없이 중복 출석을 묵인하게 된다. 분양에는 아무런 도움이 안 되고 불필요하게 일비만 지출되는 방법이지만, 어쩔 수 없이 선택한다. 분양소장은 이 점을 명심할 필요가 있다.

> ✅ 모델하우스가 인접한 지역에서는 영업조직 관리가 중요하다. 분양소장 입장에서 나의 모델하우스에서 근무하는 영업직원이 고객을 설득해서 계약체결하기 어렵다고 해서, 경쟁사 물량으로 전환해서 계약하도록 상담하는 것은 용납할 수 없다. 아무리 조직 분양 영업직원이 소속감, 책임감, 충성심이 없다고 하더라도 이건 신뢰의 문제다. 분양소장은 그런 상황이 발생하지 않도록 사전에 방지하는 시스템을 만들어야 한다.

CASE
27

복수 대행사와 영업조직을 운영할 때는
갈등을 줄이기 위한 조율이 중요하다

영업조직은 조건과 돈에 따라 움직인다는 말은 이미 언급했다. 지역 내 경쟁사와 영업직원 섭외 경쟁은 항상 있는 일이다. 그러나 분양률이 낮은 대규모 단지에서 영업할 때 복수 대행사로 복수 영업조직을 운영할 때도 유사한 상황이 발생할 수 있다.

영업조직은 세대당 수수료가 가장 중요하지만, 데스크 상담사처럼 고정비를 올려주면 섭외가 수월해진다. 실적과 무관하게 발생하는 비용이라서 분양대행사에서는 부담이 크다. 실적에 따라 지급하는 변동비로는 세대당 수수료와 시상이 있다. 잘 팔면 돈을 많이 벌 수 있고, 시상으로 추가 인센티브를 받을 수 있다는 점에서 '상'에 해당하는 유능한 영업조직을 섭외하기 위해 가장 중요하다.

고정비로는 기본적으로 지급하는 일비(식비)가 있다. 실적이 없으면 밥값만 준다는 식사비라서 점심 식사비 1만 원이다. 여기서 경쟁이 생기면 2~4만 원으로 올리는 경우가 있다. 매우 어리석은 방법이다. 한 단지에서 또는 한 분양대행사에서 일비를 올리면 다른 단지 또는 분양대행사에서도 올려줘야 한다. 안 그러면 불만이 쌓인다. 불필요한 과잉 경쟁이라서 안 그래도 콧대가 높은 영업직원만 배부르게 해주고 차별성을 가지려는 효과는 금방 사라진다. 모델하우스가 모여 있는 지역에서는 중복 출석을 주의해야 한다.

원거리에서 출퇴근하는 영업직원에게 지급하는 숙박비가 있다. 수도권이나 광역시에서는 자체적으로 모집할 수 있어서 해당사항이 없는 경우가 많다. 그러나 지방 중소 도시의 현장에서는 광역시에서 활동하는 영업조직을 섭외해서 데려와야 하므로 출퇴근 거리가 멀다는 불만을 잠재우기 위해서 도입한다. 한 달에 20일 이상 출근하면 숙박비로 30만 원 정도를 지급한다. '상'에 해당하는 유능한 영업조직을 섭외하기 위해서는 필수적인 비용이다.

숙박비 지급이 부담스럽거나 일비를 간접적으로 올려주기 위해서 교통비를 지원하기도 한다. 한 달에 20일 이상 출근하면 교통비로 10~15만 원 정도를 지급한다. 이렇게 출근을 기준으로 지급하는 일비, 숙박비, 교통비 등은 영업직원들을 유인하는 유인책으로 효과적이지만, 실적 촉진에 직접적으로 도움이 되지는 않는다.

이와 같은 고정비 인상 경쟁은 한 현장에서 복수 분양대행사가 각각 영업조직을 운영할 때도 발생할 수 있다. 한 분양대행사가 세대당 수수료를 인상하면 다른 분양대행사도 수수료를 인상해야 한다. 인상하지 않으면 영업조직의 이탈이 생기기 때문이다. 고정비도 마찬가지다. 한 분양대행사가 일비나 숙박비 등을 올리면 다른 분양대행사에서도 올리지 않으면 영업조직의 불평불만이 가득하다.

시공사에서는 복수 분양대행사를 운영하면 선의의 경쟁을 통해 실적이 더 잘 나올 거라는 기대감으로 도입했지만, 실제로는 정반대의 결과가 나타날 수 있다. 분양대행사 사이에 경쟁이 과열되면 영업조직에 지급하는 조직 수수료와 고정비 조건만 좋아진다. 그러나 상대적 박탈감으로 영업조직의 이탈과 불필요한 갈등으로 실적에는 도움이 안 되는 상황이 발생한다.

어쩔 수 없이 복수 분양대행사와 복수 영업조직을 운영해야 하는 상황이라면, 분양소장은 복수 분양대행사와 사전에 협의를 통해 어느 한 분양대행사가 돌발행동을 하지 않도록 조율해야 한다. 그렇지 않으면 나중에 감당할 수 없는 상황이 발생할 수 있다.

> ☑ 복수 분양대행사로 경쟁체제를 만들어놓았을 때, 영업조직 인원과 실적이 50:50으로 기대하면 안 된다. 어느 한쪽으로 쏠림현상은 당연히 발생한다. 그럴 때 실적이 부진하거나 영업조직이 적은 분양대행사에서는 경쟁우위를 확보하기 위한 타개책을 고민하게 되고, 이는 돌발행동으로 나타날 수 있다. 조직 수수료 인상, 일비나 숙박비 인상 등이다. 분양소장은 이런 점을 사전에 인식하고 조율해야 한다.

CASE
28

사전 영업 때부터 조직 분양 영업 인력을 투입하는 것은 신중해야 한다

조직 분양 영업은 분양에 있어서 마지막 방법이므로 사전 영업 때부터 진행하는 것은 추가적인 영업 수단이 없다는 말이다. 처음 오픈부터 100% 분양 완료까지 조직 분양 영업으로 진행해야 한다. 이는 단기간에 실적을 올릴 수 있다는 장점이 있지만, 단점이 더 많다.

사전 영업부터 조직 분양 영업 진행 시 단점
① 인력 확보의 어려움

데스크 상담사와 달리 월급제가 아니라 실적 수수료제라서 사전 영업 기간 동안 영업직원의 수입이 없다. 그 기간을 버틸 정도가 되려면 세대 수가 많고, 59㎡나 84㎡ 이하라서 판매가 상대적으로 쉬운 매력이 있어야 인력을 확보할 수 있다.

② 고객 DB 관리의 어려움

사전 영업을 통해서 획득하는 관심 고객 DB를 잘 관리해서 미분양이 발생했을 때, 선착순 계약을 통해 분양률을 높일 수 있다. 그런데 조직 영업직원들은 고객 DB를 개인 DB로 인식하는 성향이 강하다. 내고객이라고 생각하기 때문에 통합관리가 어려워서 조직이 교체되면 기존 고객 DB도 함께 사라지는 문제가 생긴다.

③ 과도한 경쟁에 따른 부작용

조직 영업직원들은 돈을 꼭 벌어야 하는 상황에 있는 사람들이 많다. 신용불량자도 많고, 하루하루 수입으로 생계를 해결하는 사람도 있다. 그렇다 보니 계약 실적을 내기 위해 수단과 방법을 가리지 않는 장점은 있지만, 경쟁이 과열되어 다른 조직 영업직원의 영업활동과 갈등 상황이 생겨서 분양 실적을 올리는 데 부정적인 영향을 미칠 수 있다.

④ 책임감 부족

조직 영업직원은 소속감이나 책임감이 없다. 내가 팔 수 있는 만큼 팔고 더 이상 실적을 내기 어려우면 망설임 없이 떠난다. 수수료 조건이나 판촉 조건 등을 파악해서 실적을 올려서 돈 벌기 쉬운 현장에 집중되는 현상이 항상 발생한다.

⑤ 과도한 예산 지출 발생

사전 영업 때부터 조직 영업을 진행하려면 정당 계약과 예비 입주자 계약, 무순위 계약과 같이 법에서 정한 절차에 따른 계약에 대해서도 인센티브 형식 등으로 수수료를 지급해야 한다. 그렇지 않으면 사전 영업 때 인력을 섭외할 수 없다. 결국 미분양 세대에 대해서 조직 분양 수수료를 책정하는 것이 아니라 전체 세대에 대해 조직 분양 수수료를 책정해야 하고, 그에 따라 과도한 예산 지출이 발생한다.

⑥ 청약상담사 별도 운영 필요

조직 영업직원은 청약상담이 안된다. 청약 관련 지식도 없고, 분양대행자 법정 교육을 이수하지 않은 경우가 많아서 미이수한 사람은 청약상담을 할 수 없다. 무순위 계약 때까지는 최소한의 분양상담사 인력을 병행해서 운영해야 한다.

이와 같은 단점에도 불구하고 사전 영업 때부터 조직 분양 영업을 진행해야 하는 상황도 있다. 청약과 초기 계약이 10% 미만으로 예상되는 경우는 일명 '깜깜이 분양(사전 영업을 최소화해서 청약 미달을 방치하고 미분양 세대에 대해 바로 선착순 계약으로 전환)' 방식으로 조직 분양 영업을 진행할 수 있다. 물론 최후의 수단을 처음부터 사용한다는 점에서 위험성이 있다. 일정 분양률이 달성되면 조직 분양 영업조직에는 동기부여가 필요하다. 동기부여가 없으면 조직 영업직원들은 금방 이탈한다. 동기부여는 판촉 조건 변경이나 수수료 인상인데, 모두 추가 예산이 필요하다.

> ☑ 선착순까지 데스크 영업을 하다가 선착순 이후에 조직 분양 영업을 시행하는 방식이 일반적이다. 그래야 고객 DB 관리도 되고, 과도한 예산이 들어가지 않는다. 사전 영업부터 조직 분양영업을 시행하는 경우는 분양률이 매우 저조한 경우로 제한적이다.

03

MGM을 활용한 영업

MGM 마케팅을 활용해서
영업직원을 늘려라

MGM 마케팅은 'Members Get Members Marketing'의 줄임말로, '기존 고객을 통해서 새로운 고객을 유치하는 판매 촉진 방식'을 의미하는 마케팅 용어다. 새로운 고객을 소개하는 기존 고객에게 인센티브 금액을 제공하는 방식이다.

아파트 분양 마케팅에서는 공인중개사무소, 기계약자, 조합원 등을 대상으로 활용한다. 공인중개사무소는 공인중개업을 하지만, 보통 MGM 인센티브 금액이 법정 중개수수료 금액보다 많고, 지급 명목도 중개수수료가 아니라 컨설팅 비용 또는 소개비 등의 형식으로 지급한다. 기계약자나 조합원은 아파트 단지의 이해관계자로서 단지의 장점을 잘 알고, 향후 시세가 상승하면 본인에게도 이익이 된다는 점에서 강력한 우군이다. 이들은 지인들에게 장점을 강조할 뿐만 아니라 "남들 다 계약해서 돈 버는데, 가만히 있다가는 너만 벼락 거지 될 수 있다"라는 식으로 조급한 마음을 갖게 한다.

MGM 마케팅의 장점은 크게 세 가지다.

첫째, 직접 영업직원을 채용해서 월급을 지급하지 않고도 많은 인원을 영업직원처럼 활용할 수 있다.

둘째, 아파트의 장점과 셀링포인트를 널리 알리고, 긍정적인 여론을 조성하는 역할을 할 수 있어서 바이럴 마케팅의 방법으로 활용할 수 있다.

셋째, 계약체결이라는 결과가 발생해야만 비용을 지급한다는 점에서 예산을 효율적으로 활용할 수 있다.

각종 매체를 활용한 광고 홍보는 광역홍보 수단으로서 비용이 많이 들지만, 그 효과는 보장할 수 없다. 그러나 MGM 마케팅은 영업직원처럼 활동하는 많은 사람을 활용해서 가망 수요층에 직접적으로 영업활동을 할 수 있고, 계약이 성사되어야 인센티브 비용을 지급한다는 점에서 결과에 대한 보상의 성격이 강하다.

> ✅ 미분양이 많은 개발사업 아파트 단지에서는 조합원이 없고, 기계약자도 적어서 MGM 마케팅을 공인중개사무소에 의존해야 한다. 이럴 때는 조직 분양 영업과 분양권 전문 업자(일명 떴다방)를 활용해야 한다. 그래야 시너지를 발휘할 수 있다. MGM 마케팅은 조직 분양 영업과 함께 진행될 때 파괴력이 가장 크고, 비용 측면에서도 효율적이다.

CASE
30

사전 청약 MGM 마케팅을 활용해서
초기 청약률과 분양률을 높여라

입지가 열위이거나 분양가가 비싸거나 공급 과잉 지역에서 공급하는 등으로 수요자의 관심이 낮아서 청약률과 분양률이 모두 낮을 것으로 예상될 경우는 사전 청약 MGM을 활용해야 한다. 사전 청약 MGM 마케팅은 인근 공인중개사사무소를 우군화해서 청약률과 분양률을 높이는 방법이다.

사전 청약 MGM 마케팅은 세 단계로 진행한다.

먼저, 분양팀에서 인근 공인중개사사무소를 방문해서 미리 제작한 '부동산 상담북'을 제공하고 셀링포인트를 설명한다. 사전 청약 MGM 마케팅을 시행한다는 점을 강조하면서 우호적인 역할을 요청한다.

다음으로, 공인중개사사무소에서는 기존에 거래했거나 상담했던 고객에게 연락해서 신규 아파트 분양 소식을 알리고 청약을 독려한다. 추천한 고객 명단을 청약 일정 전에 분양팀으로 송부한다.

마지막으로, 추천한 고객이 청약해서 당첨되고 계약을 체결한다. 공인중개사가 사전에 제출한 추천 고객 명단과 청약 당첨 및 계약자 명단을 비교 확인 후 MGM 금액을 지급한다.

사전 청약 MGM의 장점은 세 가지가 있다.

첫째, 인근 공인중개사사무소를 우군화할 수 있다.

고객은 광고 홍보자료나 분양팀의 상담 내용에 관해서는 신뢰도가 높지 않다. 판매자의 말을 곧이곧대로 받아들이지 않는 것은 어쩌면 당연하다. 오히려 지역 공인중개사의 상담은 객관적인 입장이라는 인식이 있어서 신뢰도가 높다. 더구나 기존에 거래했던 공인중개사라면 신뢰도는 더 높아진다. 고객은 모델하우스를 방문해서 상담받은 후에 대부분 현장 인근의 공인중개사사무소를 방문해서 상담받으며 검증한다. 공인중개사를 우군화하지 못하면 고객에게 단점을 부각해서 고객의 관심이 사라질 수 있다.

둘째, 청약률을 높이는 데 비용이 들지 않는다.

청약신청자가 모두 당첨이 되지도 않고, 당첨자가 모두 계약을 체결하는 것도 아니기 때문이다. MGM 인센티브는 추천한 고객이 계약체결까지 완료되어야 지급하므로 비용은 분양률에 연동해서 발생하고 청약률은 마치 덤으로 얻는 셈이다.

셋째, 미분양 선착순 판매로 전환할 때 빠르게 실적을 올릴 수 있다.

청약 일정에 따라 청약 당첨자 정당 계약, 예비 입주자 계약, 무순위 계약이 끝나야 선착순 계약을 진행할 수 있다. 사전 청약 MGM 마케팅을 하지 않고 미분양 선착순 판매를 진행한다면, 아무리 사전 영업 때 인근 공인중개사사무소를 방문했더라도 MGM 인센티브 조건을 홍보하러 다시 방문하고 설명해야 한다. 선착순 판매는 모델하우스 방문 고객 중 관심 고객을 대상으로 계약체결을 해야 하는데, 공인중개사의 후방지원이 있어야 빠르게 실적을 올릴 수 있다. MGM 인센티브는 공인중개사의 동기부여 방법인데, 사전 청약 MGM 마케팅을 시행하고 청약 일정 이후 곧바로 사후 MGM 마케팅을 시행하는 것이 중요하다.

 ✅ 사전 청약 MGM은 청약률과 분양률을 모두 높일 수 있는 장점이 있고, 비용 효과 면에서 탁월하다. 특히 미분양 선착순 판매 시 사후 MGM 마케팅으로 빠르게 전환하면 관심이 있는 고객을 계약자로 전환할 수 있어서 선착순 판매 실적을 극대화할 수 있다. 그 타이밍을 놓치면 관심이 없는 단지로 전락해서 분양률을 높이기 위해서는 다시 수요를 발굴해야 한다. 이는 많은 시간, 노력, 비용이 필요하다.

CASE
31

수요가 해당 지역에 한정적이면 조합원,
기계약자 MGM 활용이 효과적이다

수도권과 지방은 다른 특징이 있다. 수도권은 직주근접의 자족도시도 있지만, 대부분 서울로 출퇴근하는 베드타운이 많다. 그만큼 서울 접근성이 중요하다. 다시 말하면 교통 여건상 서울로 출퇴근 시간이 중요한 주택 선택 기준이다. 서울 시내에 거주해도 출퇴근 시간이 30분에서 1시간 정도 걸리기 때문에 서울까지 출퇴근 시간이 1시간 이내면 경기도나 인천 어디라도 이사할 수 있다. 수도권의 이런 특징을 필자는 '열린 시장'이라고 표현한다. 수도권은 '열린 시장'이다. 수원이나 용인에 거주하면서 강남으로 출퇴근하는 사람은 구리나 남양주로 이사할 수 있다. 반대로 김포나 일산에 거주하면서 용산으로 출퇴근하는 사람은 인천 검단신도시나 의왕으로 이사할 수 있다. 수도권은 도시 간 이동이 자유롭다.

분양시장으로 연결해서 생각하면, 정부는 수도권의 주거 문제를 해결하기 위해 1~3기 신도시뿐만 아니라 대규모 택지지구를 조성해서 대규모로 주택을 공급한다. 남양주, 부천, 고양 등 신도시를 지정하더라도 해당 시 거주자만 청약 당첨 우선권이 있지 않고 수도권 지역별로 안분한다. 주택 청약제도에서 경기도 대규모 택지지구에서 공급할 경우, 해당 지역 30%, 기타 경기도 지역 20%, 기타 지역 50% 비율로 우선 공급한다. 신도시가 조성되는 지역에 공급이 일시적으로 과잉 상태가 되어 미분양이 쌓이더라도 수도권 전역에 수요가 있으므로 빠르게 소진된다.

2기 신도시 중 동탄2신도시 사례를 보면, 2012년부터 1~3차 동시 분양 및 순차 분양으로 공급했고, 미분양이 쌓였으나 1~2년 내로 대부분 소진되었다. 집중적으로 공급했던 물량이 2015년~2016년 준공하면서 입주 대란이 일어나고, 전세가는 바닥을 쳤지만, 불과 1년 만에 회복했다. 그만큼 수요가 빨리 채워진다는 말이다.

그러나 지방은 수도권과 다르다. 지방은 광역시가 있고, 인근 도시가 있지만 광역시로 출퇴근하는 인구가 적다. 대부분 지역 내에서 경제활동을 한다. 도시 간 이동이 활발하지 않다. 지방의 이런 특징을 필자는 '닫힌 시장'이라고 표현한다. 지방은 '닫힌 시장'이다. 청년층은 직장을 구하기 위해 수도권이나 광역시로 이사를 한다. 지방 도시에 거주하면서 광역시로 출퇴근하는 사람은 매우 적다. 광역시에서 중소 도시로 거주지 이동도 드물다. 산업단지가 대규모로 조성된 거제, 창원, 광양 등 일부 지역에서나 가능하다.

분양시장으로 연결해서 생각하면, 지방에서 공급 과잉으로 미분양이 발생하면 소진하는데, 시간이 오래 걸린다. 외부에서 인구 유입이 제한적이기 때문이다. 실수요는 지역 내 수요에 불과하고, 투자 수요도 수도권에 비해서 현저히 적다. 물론 과거 문재인 정부 시절처럼 부동산 규제를 강화하면 수도권에서 광역시로 광역시에서 중소 도시로 투자 수요가 밀려나는 '풍선효과'가 발생할 수 있다. 그러나 최근에는 인구 감소와 지방 소멸 이슈가 있어서 광역시 중 핵심지역(부산 해운대구, 대구 수성구, 대전 유성구 등)에는 '풍선효과'가 나타날 수 있지만, 광역시 중 변두리나 중소 도시까지 '풍선효과'를 기대하기는 어렵다. 결국 중소 도시의 수요는 대부분 해당 지역에 국한되고, 일부 인접 도시에 수요가 있다고 생각해야 한다.

수요가 해당 지역에 한정적이면 지역 내 이미지 관리가 중요하다. 지역 공인중개사, 기계약자, 조합원 등 관련자들이 '빅마우스'가 되어 장점을 홍보해야 한다. 모델하우스의 상담사가 설명하는 내용이나, 광고 홍보는 고객에게 객관성이나 신뢰성이 낮다. 지인이나 공인중개사의 말이 훨씬 더 객관적이고 신뢰할 수 있다고 생각한다. 이런 점을 이해하고 적극적으로 활용해야 한다.

> ✓ 지역 내 실수요를 공략하기 위해서는 공인중개사 MGM은 기본이고, 조합원이나 기계약자 MGM을 활용해서 지인 소개 영업(ex: 이웃사촌 만들기)을 해야 한다. 이런 과정에서 단지의 장점이 알려지고, 좋은 이미지를 형성할 수 있다. 단순히 "잘 부탁합니다"라는 말로는 부족하다. 지인을 소개해서 계약하면 MGM 수수료를 지급해야 한다. 세상에 공짜는 없다.

CASE
32

부동산 우군화가 잘 되면
이원화된 영업을 활용할 수 있다

지역 내 공인중개사는 모델하우스의 영업조직과 협력관계를 잘 형성해야 한다. 고객은 대부분 모델하우스에서 상담을 받은 후에 현장 인근 또는 본인과 거래한 적 있는 공인중개사의 조언을 듣는다. 모델하우스에서 영업직원이 하는 말보다 공인중개사의 말을 더 신뢰한다. 공인중개사를 우군화하지 못하면 열심히 가계약까지 하더라도 정계약으로 이어지지 못하고 깨지는 경우가 많이 생긴다.

지역 내 공인중개사와 협력관계를 잘 구축하면, 모델하우스 안과 밖에서 이원화된 영업을 활용할 수 있다. 공인중개사들이 투자 가치가 있다고 인식하면 본인이 직접 계약한 후에 전매할 수 있다. 중개업무를 통해서 받을 수 있는 법정 중개수수료보다 본인이 직접 분양권 투자를 해서 전매에 따른 시세차익이 더 크기 때문이다. 본인이 직접 계약하면 MGM을 받기 때문에 일단 소개 수수료를 한 번 받은 것이 되고, 나중에 고객을 확보해서 분양가 그대로 전매하더라도 건설사에서 받은 소개 수수료와 매수자로부터 받는 중개수수료가 있어서 손해를 보지 않는다. 물론 분양가 이하로 떨어지지 않을 거라는 믿음과 계약금을 납부하고 전매할 때까지 유지할 수 있는 경제력이 있어야 한다.

공인중개사가 미분양이 많은 초기에 계약하면 선호도 높은 동호수를 계약한다. 남향, 판상형, 고층이라서 향후 시세가 분양가보다 상승하더라도 먼저 상승한다. 모델하우스에서 미분양이 점점 줄어들면 선호도 낮은 동호수가 남는다. 동향, 타워형(탑상형), 저층이다. 이때 공인중개사는 본인이 직접 계약한 동호수에 프리미엄을 붙여서 매물로 내놓을 수 있다. 고객은 선호도 높은 동호수를 프리미엄을 주고 공인중개사를 통해서 매수하거나 선호도 낮은 동호수를 모델하우스에서 계약할 수 있다. 어떤 동호수를 선택할지 고민하게 된다. 투자 경험이 있고, 투자 목적으로 계약하는 사람은 프리미엄을 주고 선호도 높은 동호수를 계약하는 경우가 상대적으로 많고, 투자 경험이 없고, 실거주 목적으로 계약하는 사람은 선호도 낮은 동호수를 계약하는 경우가 상대적으로 많다.

이렇게 모델하우스 안과 밖에서 이원화된 영업이 이루어지는 것이다. 미분양이 많은 초기에는 공인중개사가 직접 계약하면서 초기 미분양 소진이 이루어지고, 미분양이 적게 남았을 때는 선호도 높은 동호수가 프리미엄 매물로 거래되면, 선호도 낮은 동호수도 분양가에 계약이 이루어진다. 잔여 미분양 세대도 소진할 수 있다.

"고객님, 저희는 인기가 많은 단지라서 계약이 거의 다 되었습니다. 조금 빨리 오셨으면 좋았을 텐데, 아쉽네요. 남은 동호수는 단지 주 출

입구를 기준으로 뒤쪽 동인 107동, 108동, 110동에 5층 이하만 남았습니다."

"그래요? 미분양 광고 보고 왔는데 높은 층은 진짜 없나요? 보통 회사 보유분으로 빼놓은 좋은 동호수가 있다고 하던데요."

"아쉽게도 저희는 없습니다. 인기가 많아서 그런 동호수가 없습니다. 저층도 인기가 많아서 다음 달쯤이면 분양이 마감될 것 같습니다. 저층이라고 계약 안 하시면 나중에 후회하실 겁니다."

"그래요? 이왕 계약할 거면 고층이 좋은데. 일단 알겠어요. 고민해볼게요."

"네 고객님 그러시면 고민해보시고 이번 주말쯤 다시 방문 부탁드립니다. 감사합니다."

- 공인중개사 사무실 방문 -

"안녕하세요. 궁금한 게 있어서 왔는데요."

"네, 어서 오세요. 커피 한 잔 드릴까요?"

"네, 감사합니다."

"어떤 게 궁금하신가요?"

"건너편에 공사 중인 A단지 분양하던데, 사장님이 보시기에 투자하기 어떤가요?"

"이 지역은 제가 잘 알죠. 여기서 부동산 영업한 지 10년이 넘었거든요. A단지는 관심 있쭉 고객분들이 많습니다. 1군 브랜드에 대규모 단지고, 위치도 좋거든요. 세대 내부도 평면이 좋습니다. 미분양이 얼마 안 남은 것으로 알고 있습니다. 투자 대상으로도 좋은 편입니다."

"아, 그래요? 저층밖에 안 남았다고 하던데 사실인가 보네요."

"네, 그럴 겁니다. 앞쪽 동 고층 동호수는 분양가에 1,000~2,000만 원 프리미엄이 있는 매물이 나와 있습니다. 그것도 많지 않습니다."

"그래요? 프리미엄이 있어요? 호가만 있고 실제로는 거래가 안 되는 경우도 많던데. 분양권 전매 거래된 게 있나요?

"네, 그럼요. 지난달에 두 건, 이번 달에도 한 건 거래되었습니다. 거래가 종종 일어납니다."

"네, 알겠습니다. 감사합니다."

- 모델하우스 재방문 -

"고객님, 안녕하세요. 지난번에 추천한 동호수로 계약하시겠어요?"

"그게 5층이었나요?"

"네, 맞습니다. 5층도 그 동호수 하나 남아 있습니다. 고객님께서 고민 후에 계약하신다고 하셔서 제가 잠시 보류해놨거든요. 오늘 계약 안 하시면 다른 고객님이 계약하실 수 있습니다."

"그래요? 10층 이상이면 좋은데. 높은 층은 진짜 없나요?"

"네, 고객님, 아쉽게도 없습니다. 현장 인근 부동산에 방문하시면 전매 매물이 몇 개 있을지도 모르겠습니다만 미분양은 없습니다."

"어쩔 수 없죠. 계약할게요."

"네, 잘 결정하셨습니다. 5층도 입주할 시점에는 분양가 이상으로 프리미엄을 붙을 겁니다. 기대하셔도 좋습니다."

✅ 지역 내 공인중개사와 우호적인 관계를 유지하고 이원화된 영업을 진행하면, 분양률을 빨리 높일 수 있다. 또한, 선호도 낮은 세대가 남았을 때도 선호도 높은 세대에 프리미엄이 형성되면 추가 판촉을 최소화해서 미분양을 소진할 수 있다. 그렇지만 분양소장은 개인적으로 공인중개사와 결탁하거나 너무 밀접한 관계가 되면 안 된다. 공인중개사와 관계는 실적을 위한 윈윈(Win-Win)으로 제한해야 한다.

MGM이 효과가 없다면
계약자 혜택에 집중하라

2013년 경기도 미분양 현장을 담당할 때의 일이다. 정당계약 및 예비 입주자 계약 시 분양률이 매우 저조해서 바로 조직 분양 영업으로 전환한 현장이었다. 미분양 판촉을 여러 번 시행했지만, 분양 실적은 지지부진한 상황에서 필자가 담당하게 되었다. 먼저, 진행 중인 판촉의 마케팅 효과를 점검했는데 MGM 마케팅의 효과가 미진하고, 조직 분양 영업직원의 사기가 위축되어 있었다. 실적을 높이기 위해 변화를 주기로 했다.

"본부장님, MGM 마케팅 효과가 낮은 것 같은데 이유가 뭔가요? 인센티브 금액이 경쟁력이 없나요?"

"소장님, MGM 인센티브 금액은 경쟁 단지 수준이라서 큰 문제는 아닙니다. 최근에 인근 신규 아파트 분양이 없었기 때문에 분양권 전문업자들이 관심이 없고, 인근 공인중개사사무소에서는 전·월세 중개만 하던 곳이 대부분이라서 분양계약에 별로 도움이 못 됩니다."

"네, 그렇군요. 그러면 MGM 예산을 활용한 다른 판촉을 고민해야겠습니다."

"아무래도 조직 분양 영업 수수료를 올려주시는 게 좋을 것 같습니다."

"조직 분양 영업 수수료는 경쟁 단지와 유사한 수준으로 알고 있는데, 더 올리면 효과가 눈에 띄게 올라갈 수 있을까요?"

"그것만으로 분양 완료를 할 수는 없겠지만 어느 정도는 올라갈 수 있을 겁니다."

"그러면 안 됩니다. 추가 판촉예산을 받을 수 없는 상황이라서 MGM 예산이 활용할 수 있는 마지막 예산입니다. 한정된 예산이기 때문에 더욱 신중해야 합니다. 기계약자 성향은 어떤가요?"

"구도심 지역이라서 신축 아파트에 대한 환상처럼 막연한 기대감은 있는데, 경제적인 여유가 없는 분들이 많습니다. 실수요시장이고 계약금이 부족한 분들이 많습니다."

"그렇다면 계약금 일부 지원하는 판촉이 좋겠습니다. 실수요자 중심이니까 계약금 부담을 줄여준다면 효과를 기대할 수 있겠습니다. MGM 예산은 계약자 혜택으로 전환하겠습니다. 그래야 추가 판촉예산 없이 분양을 완료할 수 있겠습니다."

"네, 알겠습니다. 그렇게 알고 홍보와 상담 가이드 준비하겠습니다."

효과가 낮은 MGM 마케팅 예산을 계약자 혜택으로 전환해서 분양을 진행한 결과, 추가 판촉예산 없이 분양을 완료할 수 있었다. 신도시나 택지지구에서는 분양권을 전문으로 하는 공인중개사가 많지만, 구도심 지역에서는 전·월세 중개만 처리하는 공인중개사가 많다. 이런 지역에서는 MGM 마케팅의 효과가 반감한다. 조직 분양 영업과 MGM 마케팅의 시너지 효과는 파괴력이 크지만, 지역별로 차이가 있을 수 있다.

> ✅ MGM 마케팅은 모든 지역의 모든 단지에서 똑같은 효과를 기대할 수 없다. 신도시나 택지지구에서는 그 효과가 크더라도, 구도심에서는 상대적으로 효과가 떨어질 수 있다. 그럴 때는 지역의 수요자 특성을 분석해서 적절한 분양 판촉 방법을 찾아야 한다.

가격 할인 마케팅에 관한 고객의 인식

1. 아이스크림 수요가 많은 여름에 왜 할인 판매를 할까?

지구 온난화로 불볕더위가 자주 발생하고 여름이 길어지는 상황이다. 더우면 아이스크림 수요가 늘어난다. 수요가 많은 여름에는 굳이 할인 판매를 하지 않아도 아이스크림이 많이 팔릴 텐데 왜 할인을 할까?

첫째, 할인 판촉을 하더라도 이익이 감소하지 않기 때문이다.

아이스크림은 생산하면 무조건 냉동보관을 해야 한다. 녹으면 상품성이 없어지기 때문에 생산부터 고객에게 판매될 때까지 냉동보관이 필수다. 여름에는 수요가 많아서 생산부터 고객에게 판매되는 데 걸리는 기간이 짧다. 판매가에서 원가 중 높은 비중을 차지하는 냉동보관 비용이 줄어든다. 따라서 할인해서 판매해도 원가 감소가 더 커서 이익이 더 많아진다.

그러나 겨울에는 수요가 적어서 생산부터 고객에게 판매되는 데 걸리는 기간이 길다. 겨울이 여름보다 평균 기온이 낮지만, 일정한 온도로 보관해야 하므로 냉동보관을 해야 한다. 결국 냉동보관 기간이 길어서 보관 비용이 늘어난다. 겨울에 정가에 판매해도 여름보다 원가가 늘어나서 이익이 줄어든다. 여름보다 생산량을 줄여도 해결책이 될 수 없다.

둘째, 매출이 줄어들지 않는 방식을 적용하기 때문이다.

아이스크림 할인 방식은 가격을 직접 할인하지 않고, 1+1, 2+1, 5+1

방식으로 판촉을 진행한다. 고객은 같은 비용으로 아이스크림을 더 많이 살 수 있다. 고객의 지출 금액은 유지하면서 제품을 추가로 주는 방식이기 때문이다. 이렇게 하면 아이스크림의 매출 규모를 유지할 수 있다.

셋째, 경쟁 제품 대비 경쟁력을 유지하기 위해서다.

더울 때 아이스크림이 생각나지만, 가격이 부담스러우면 고객은 대체재를 찾게 된다. 경쟁회사의 아이스크림만 경쟁 대상이 아니다. 갈증을 해소할 수 있는 시원한 음료나 맥주 등도 경쟁 대상이다. 할인 판촉을 통해서 고객이 아이스크림을 경제적인 부담 없이 구매할 수 있도록 함으로써 아이스크림의 경쟁력을 유지하고 매출도 유지할 수 있다.

2. 정가 판매와 할인 판매에 관한 고객의 인식 차이는 얼마나 클까?

① 가격 책정에 관한 고객의 인식에 관한 행동 경제학 논문 일부를 소개하겠다.

제설 도구 판매자는 눈이 안 오는 평상시에는 2,000원에 판매하다가 폭설이 오는 날에는 20,000원에 판매했다. 이 가격 배분 방식에 대한 고객의 인식을 설문조사했다. 설문조사 결과, 응답자의 약 70%가 가격 책정이 '나쁘다, 또는 부도덕하다'라는 반응을 보였다. 고객은 수요가 많을 때 판매자가 이익을 높이기 위해서 웃돈을 받는다고 인식했다.

이번에는 동일인에게 다른 방식으로 질문했다. 제설 도구는 20,000원이 정가인데, 눈이 안 오는 평상시에는 수요가 없어서 90% 할인한

2,000원에 판매했고, 폭설이 오는 날에는 정가 그대로 20,000원에 판매했다. 이 가격 배분 방식에 대한 응답자의 반응은 약 70%가 이해할 수 있다는 반응을 보였다. 수요가 없을 때는 판매자가 할인을 해줬다고 고객이 인식하면서, 판매가 20,000원을 신뢰했다.

② 동일 브랜드 제품이지만 백화점과 아웃렛에 품질과 가격이 다른 이유

백화점에서 재고가 남은 제품만 아웃렛에서 판매하면 인기 많은 제품은 표준 치수는 거의 품절이고, 재고가 많은 인기 없는 제품만 아웃렛에서 판매할 수 있다. 그러면 고객은 아웃렛에 쇼핑하러 가지 않는다. 따라서 브랜드별로 아웃렛용 제품을 별도로 생산한다. 아웃렛은 할인점이므로 정가를 높이고 할인 판매하는 방식을 취한다. A브랜드의 셔츠 가격대가 백화점에서 보통 10만 원이라면, 아웃렛에서는 정가 10만 원, 50% 할인해서 5만 원에 판매한다. 제품의 품질은 백화점 제품보다 당연히 떨어진다. 정가 5만 원에 적합한 제품이기 때문이다. 하지만 아웃렛을 방문한 고객은 비싼 제품을 할인받아서 저렴하게 구매했다고 생각하고 만족스러운 쇼핑으로 인식한다.

PART
03

광고 홍보 활용법

01

광고 매체 선정

광고 매체는 트렌드에 맞게
편성해야 한다

금융위기로 분양시장의 침체기가 시작되고 급증한 미분양을 판매하기 위해서 공격적인 판촉을 시행할 시기에는 전통적인 광고 홍보가 중심이었다. 신문 광고, 전파 광고, 옥외 광고, 인쇄 광고, 이벤트로 분류할 수 있는데, 특히, 현수막 광고(지정 게시대, 게릴라 현수막, 외벽 대형현수막, 주유소 현수막 등)와 전단 광고(삽지와 직투)가 초기 오픈부터 미분양 판매까지 가장 큰 비중을 차지했었다.

그러나 전국 미분양 물량이 평년 수준으로 감소하고 분양시장이 본격적인 회복기에 접어드는 2015년부터는 분양이 잘되었기 때문에(지역별·단지별 차이 있음) 광고 홍보의 필요성이 줄어들었다. 또한 스마트폰과 소셜미디어가 대중화되고 코로나19 팬데믹을 거치면서 전통적인 광고 매체는 상대적으로 효과가 떨어졌다. 게릴라 현수막, 전단 직투 및 삽지는 비중이 줄었고, 라디오 광고, 신문 지면광고, 이벤트 행사 등은 거의 하지 않는다.

새롭게 비중이 커진 광고는 온라인 모바일 광고다. 유튜브, 인스타그램, 네이버 블로그·카페, 각종 온라인·모바일 배너 광고(GDN 광고 포함), 기사성 광고, 바이럴 마케팅 등인데, 수요자의 정보 습득 경로가 변화했고, 아파트 주요 구매층은 30~50대인데, 30~40대뿐만 아니라 50대도 스마트폰 사용으로 온라인 활용 비중이 늘었기 때문이다. 과거부터 꾸준히 계속 활용하는 광고 홍보는 지하철 역사 광고, 버스 정류장 쉘터(Shelter) 광고, 차량 래핑 광고, 그리고 마트 부스(Booth) 등 거점 홍보가 있다.

– 광고 홍보 킥오프(Kick-Off) 회의 –

"안녕하세요. 분양소장 권소혁입니다. 반갑습니다. 지금부터 광고 홍보 킥오프 회의를 시작하겠습니다. 바쁘신데 참석해주셔서 감사합니다. 먼저, 메인 광고 시안 콘셉트 결정 및 보완 사항을 검토하겠습니다. 다음으로, 광고 홍보 매체 선정에 관한 각 사의 의견을 제안해주세요. 매체의 최종 선정은 광고 홍보예산 검토 후 우선순위를 정해서 다음 회의 때 최종적으로 결정하겠습니다."
"네, 알겠습니다."
"먼저 광고 기획사에서 메인 광고 콘셉트를 설명하시고 리플렛 및 판촉물 시안을 보여주시면 되겠습니다."
"네, 안녕하세요. 이번 현장의 광고 콘셉트는 교통 및 교육, 대단지의 장점을 강조하는 역세권, 초품아, 1군 브랜드 대단지입니다. 판촉물 시안은 A, B의 두 가지 안이 있습니다. A안은 전통적인 방식의 구성입니다. 단지 투시도, 배치도, 셀링포인트 등을 단순하게 구성했습니다. B안은 새로운 시도입니다. 크기도 기존보다 작아서 휴대 편의성을 높였고, 티저광고처럼 표지에 단지 투시도가 아니라 셀링포인트를 이미지로 구현했습니다."

"네, 좋습니다. 이번에는 B안과 같이 새로운 시도를 하면 좋겠습니다. 전통적인 방식의 구성은 관심을 끌기 어려워서 다른 광고와 차별화 요소가 없는 것 같습니다. 다른 분들 생각은 어떠신가요?"

"분양대행사도 같은 의견입니다."

"네, 그러면 B안을 업그레이드해서 두 가지 안으로 세분화해서 작업해주세요. 기한은 일주일입니다. 가능하실까요?"

"네, 그렇게 하겠습니다. 헤드 카피와 시안 업그레이드해서 보여드리겠습니다."

"감사합니다. 다음은 온라인 광고와 옥외 광고 매체 제안해주세요."

"온라인 광고는 일반적으로 하는 광고 매체는 모두 진행하는 것으로 제안합니다. 네이버 배너 광고, 구글 GDN 광고, 유튜브 광고, 바이럴 마케팅 등입니다. 옥외 광고는 지하철역 와이드·스크린 도어(Wide·Screen Door), 시내버스 래핑, 버스 정류장 쉘터, 차량 래핑, 전광판 광고, LED 차량 광고 등입니다. 세부 내역과 예산은 배포 자료를 참고하시면 되겠습니다."

"제안하신 광고를 모두 집행하기에는 예산이 부족해서 조정이 필요하겠습니다. 온라인 광고는 일부 예산 조정하면 무난하겠습니다. 옥외 광고는 LED 차량 광고와 전광판 광고 중 하나만 집행해도 되겠습니다. 버스 정류장 쉘터 광고와 시내버스 래핑도 둘 중 하나만 하는 게 좋겠습니다. 분양대행사 본부장님 의견은 어떠신가요?"

"네, 안녕하십니까? 분양대행사 본부장 홍길동입니다. 분양대행사

의견 말씀드리겠습니다. 당 현장은 지하철 역세권으로 지하철역 이용도가 높습니다. LED 차량 광고와 버스 정류장 쉘터 광고는 비용 대비 효과가 상대적으로 낮으므로 우선순위에서 후순위에 해당한다고 말씀드리겠습니다."

"네, 좋습니다. 그러면 금일 회의가 끝나면, 분양대행사와 광고대행사에서는 매체 비중과 우선순위를 협의하시고, 그 결과를 일주일 내로 저한테 보내주시면 제가 예산을 고려해서 피드백하겠습니다. 이어서 인쇄물 및 오픈 이벤트 등을 진행하겠습니다."

사전 영업을 진행하기 전에 파트너사가 모두 정해지면 광고 홍보 계획을 수립하기 위한 킥오프 회의를 진행한다. 시공사, 광고대행사, 분양대행사가 참석해서 제안하고 협의하는 과정을 거친다. 1~2회 정도 회의를 진행하면서 구체화하는 과정을 거친다.

> ✅ 광고 홍보 계획을 수립할 때는 최신 트렌드를 고려하고, 수요자의 정보 습득 경로를 파악해서 적절한 매체를 선정하고 비중을 정해야 한다. 일반적으로 첫 회의 때는 사전에 각 사에서 브레인스토밍을 통해 필요한 매체를 전부 검토한 후, 우선순위를 정해서 제안한다. 광고 홍보예산을 사전 영업, 본 영업, 사후 영업에 맞게 단계별로 집행예산을 분개하고 단계별 예산을 배분하고, 예산 내에서 광고 홍보 매체와 집행 방법을 확정하는 방식으로 진행한다. 분양소장의 독단적인 판단은 금물이다. 광고대행사와 분양대행사의 의견을 종합해서 결정해야 한다.

지역과 수요 특성을 고려해서
매체를 선정해야 한다

2022년, 서울시 역세권 청년주택의 임차인을 모집할 때의 일이다. 청년주택의 특성상 입지가 우수하고 임대료도 저렴하지만, 자격조건이 까다롭다. 연령, 소득, 무주택, 주소지, 차량 소유 등 자격조건을 모두 충족해야 한다. 입주 자격은 까다롭지만 입지, 상품, 임대료 모두 장점이 있는 만큼 임차 수요가 충분하고, 임차인 모집도 어려움이 없을 것으로 예상했기에 광고 홍보비 예산도 적었다. 초기 임차인 모집 시 광고 홍보비용을 최소한으로 지출했고, 그 결과 수요층에 충분한 홍보가 되지 않았다. 예상보다 계약률이 낮아서 판촉 전략을 세워야 하는데, 최소 비용으로 최대 효과를 거둘 수 있는 광고 매체를 고민했다. 수요층인 청년들은 정보를 수집하는 매체가 소셜미디어 특히, 유튜브 비중이 높다는 점을 집중했다.

신규 분양 단지의 청약 정보나 무순위 줍줍, 미분양 판매 등 분양 아파트를 홍보하는 인플루언서는 많지만, 임대 아파트를 전문으로 하는 인플루언서는 적다. 다행히 유튜브 채널 중에 임대 아파트(공공임대, 역세권 청년주택, 공공지원 민간 임대) 소개를 전문으로 하는 '아영이네 행복주택'이라는 채널을 찾을 수 있었고, 그 채널에 우리 단지를 홍보했다. 우수한 입지와 상품이 수요층에 홍보되자 광고비 추가집행 없이 1개월 만에 100% 계약 완료할 수 있었다. 유튜브에서 임대 아파트는 틈새시장이라서 오히려 광고 홍보의 효과가 더 컸다.

임대주택의 특성상 준공 6개월 전에 임차인 모집을 진행하다 보니 미분양이 발생하면, 곧 준공 미분양이 되고 보증금과 월세를 받지 못해서 운영 사업 수지에 손실이 발생할 수 있다. 분양 주택과 달리 실수요자를 모집해야 하고, 기존 주택의 임대 기간 만기와 이사 시점도 맞아야 한다. 그런 점에서 광역 홍보는 의미가 없다. 수요층에 맞는 광고 홍보를 진행하는 것이 필수사항이다.

> ✅ 지역이나 상품, 수요에 맞춰서 광고 홍보 전략을 수립하고 매체를 선정해야 한다. 실수요와 투자 수요가 모두 필요한 단지는 광역홍보로 투자 수요를, 지역홍보로 실수요를 모두 확보해야 하지만, 실수요 지역이나 임대 상품은 광역홍보는 효과가 없다. 최대한 실수요자를 공략할 수 있는 홍보에 집중해야 한다. 반대로 투자 수익형 상품은 투자자 모집에 집중해야 하므로 수익률과 시세차익 가능성에 집중해서 홍보해야 한다.

CASE
36

분양 정보를 반복적으로 노출해서
미분양 판촉을 상기시켜야 한다

미분양 단지 판매에서 중요한 점은 고객의 기억에서 지워지지 않도록 하는 것이다. 고객은 신규 분양단지에 관심이 많고 미분양 단지에 관심이 없다. 분양 완료 시점까지 수요를 발굴하기 위해서는 블로그, 인스타그램, 유튜브 등 온라인 매체 광고나 언론 PR 등을 꾸준히 집행해야 한다. 광고가 노출되지 않으면 미분양을 판매하고 있다는 사실을 모른다. 광고 홍보에는 비용이 발생하므로 강약 조절이 필요하다. 판촉 조건이 변경되었을 때는 집중적으로 광고 홍보를 집행해서 단기간에 실적이 나올 수 있게 해야 한다. 판촉 조건 변경 후 한두 달이 지나면 실적이 떨어지지만, 홍보를 멈추지 말고 계속 진행해야 하는데, 이때 특히 매체의 변화가 필요하다.

광고 홍보의 역할은 고객의 관심을 유도하고 모델하우스에 방문하게 유도하는 것이다. 방문 고객은 상담 능력으로 계약 실적을 달성해야 한

다. 마치 구두닦기에 비유하면, 광고 홍보는 '찍새', 고객 상담은 '딱새'
다. 아무리 상담 능력이 뛰어난 사람도 고객이 방문해야 실적을 낼 수
있다. 물론, 조직 분양 영업에서는 기존 고객(지명 고객)을 상담해서 실적
을 내기도 하지만, 신규 고객(워킹 고객)을 창출하기 위해서는 광고 홍보
를 통해 보완하는 역할이 있을 때 실적을 높일 수 있다.

꾸준히 기사 홍보하기 위해서는 기간별로 주제를 정해서 내용에 변
화를 줘야 한다. 입지, 커뮤니티, 대단지, 브랜드, 조경, 특화시스템 등
하나씩 주제를 정해서 다양한 내용으로 기사를 실어야 한다. 같은 내용
은 여러 번 기사가 나가도 네이버 등 포털사이트에서 관련 기사로 묶여
서 검색되기 때문에 홍보 효과가 떨어진다.

> ✅ 언론 PR과 매체를 활용한 홍보는 계속 변화를 주면서 강약 조절이 필요하다.
> 미분양 소진을 위해서는 비용 대비 효과가 높은 방법으로 홍보의 지속성이
> 중요하다. 예산이 부족하면 PR 기사와 온라인 배너 광고라도 계속 내보내야
> 한다. 홍보는 영업을 보완하는 수단으로써 병행해야 실적을 높일 수 있다.

CASE
37

지역 내 주요 홍보 매체를 선점해야 하지만
선의의 경쟁이 필요하다

신규 분양을 할 때, 지역 내 경쟁 단지와 분양 시기가 겹치는 경우가 종종 발생한다. 분양 승인을 같은 날에 받을 때는 고객의 선호도를 고려해서 중복청약이 가능하도록 청약 일정을 조정한다. 당첨자 발표일이 같으면 중복청약을 할 수 없고, 당첨자 발표일이 다르면 중복청약할 수 있으나 당첨자 발표일이 빠른 단지의 당첨이 우선이다. 선호도가 높은 단지의 당첨자 발표일이 먼저이고, 선호도가 낮은 단지의 당첨자 발표일을 하루 뒤로 미루면 청약률을 높일 수 있다. 그러나 반대로 하면 선호도 낮은 단지의 청약률이 낮아진다. 중복청약으로 청약률을 높이는 취지가 선호도 높은 단지에 떨어지더라도 선호도 낮은 단지에 당첨되면 계약할 수 있게 하는 것이기 때문이다.

청약 일정 외에 홍보 매체에서도 경쟁이 생긴다. 사전 영업 기간은 단지에 따라 다르지만, 통상적으로 2주에서 3개월 정도 진행한다. 거점 영업 등 인력을 활용한 외부 영업은 계속하지만, 광고 홍보는 모델하우스 오픈 일을 기준으로 역산해서 1~2주 동안 집중한다.

경쟁 단지와 중복되어 선점이 필요한 매체는 마트 부스, 외벽 대형현수막, 지하철역 와이드·스크린 도어, 버스 정류장 쉘터, 시내·시외 버스 광고 등 많다. 분양 일정이 중복되면 집중적으로 홍보해야 하는 2주 동안 경쟁이 치열해지므로 매체를 선점해야 한다. 그렇지 못하면 오픈 고지가 제대로 되지 않아서 모객이 잘 안되고, 경쟁에서 밀리게 된다.

미분양을 판매할 때, 광고 홍보는 효과가 있는 매체만 선별해서 집행하게 된다. 경쟁 단지가 있으면 광고 홍보 매체 선정이 어려워진다. 외벽 대형현수막은 대부분 과태료 부과 대상이다. 미분양 판매 경쟁이 과열되면 상대방 현수막을 신고해서 부착한 지 며칠 만에 과태료를 부과받고 철거해야 하는 상황이 발생하기도 한다. "내가 할 수 없으면 너도 할 수 없게 만들겠다"라는 식이 된다. 이런 상황이 되면 온라인 홍보에 집중할 수밖에 없다. 온라인 홍보에서도 선의의 경쟁이 필요하다. 경쟁이 지나치게 과열되어 서로 경쟁 단지의 단점을 공격하고 깎아내리면, 고객이 단점만 강하게 인식해서 둘 다 외면하는 불상사가 생길 수도 있다.

> ☑ 인근 분양단지와 판매 경쟁은 불가피하므로 효과적인 홍보 매체의 선점은 중요하다. 그러나 지나친 과열 경쟁은 피해야 한다. 서로 헐뜯고 단점을 지나치게 강조하면 고객들에게 안 좋은 인식만 심어줘서 둘 다 외면받을 수 있다. 매체의 선점이 중요하지만, 선의의 경쟁도 꼭 염두에 두어야 한다. 분양소장은 경쟁 단지의 분양소장과 교류하고 소통하면서 선의의 경쟁을 하는 태도가 필요하다.

CASE
38

광고 홍보는 항상 효과성을 분석해서
시행 여부를 판단해야 한다

분양대행 수수료나 MGM 등은 실적에 따라 지급되는 비용이지만, 광고 홍보는 실적에 상관없이 지출하는 비용이다. 광고 홍보 매체를 선정할 때 신중해야 하는 이유다. 예산을 투입해서 광고 홍보를 열심히 했지만, 방문 고객이나 전화 문의가 적으면 빨리 매체를 변경해야 한다. 효과성을 분석하지 않고 습관적으로 계속하는 홍보는 실적에 아무런 도움이 되지 않는다. 방문 고객이나 전화 문의가 많으면 광고 효과가 있으므로 당분간 홍보를 유지할 수 있다. 그러나 같은 매체는 일정 기간 지속하면 그 효과가 떨어지는 것은 당연하다. 그럴 때는 광고 시안을 변경하거나 판촉 조건이 변경되어야 다시 효과가 살아날 수 있다.

광고 홍보의 효과성 분석은 어떻게 해야 할까?

온라인 광고는 광고대행사를 통해서 결과 보고서를 받기 때문에, 일차적으로 결과 보고서를 참고한다. 결과 보고서는 집행 내역과 그에 따른 노출도 등이 나타나는데 이것만으로는 분석이 안 된다. 인바운드와 방문 고객 상담을 통해서, 인지 경로를 확인하는 과정이 필요하다. 그 후 비용 대비 효과를 분석해야 한다. 옥외 광고는 결과 보고서가 따로 없다. 대표번호로 홍보가 나가는 매체는 대표번호 인바운드와 방문 고객 상담을 통해서 인지 경로를 확인해야 한다. 조직 분양 영업을 할 때, 팀별 번호로 홍보가 나가는 매체는 영업본부장을 통해서 정리된 데이터를 받고, 팀별 판매 실적을 통해서 효과를 검증할 수 있다.

미분양을 판매할 때는 매체별로 일정표를 만들어서 중복되지 않게 순차적으로 집행하는 방법이 있다. 그렇게 하면 매일 인바운드와 방문 고객의 추이, 분양률을 분석하면서 광고 매체의 효과성을 함께 분석할 수 있다. 같은 매체라도 지역을 구분해서 집행하면 지역 수요의 관심도를 함께 확인할 수 있다. LMS 문자 발송 홍보를 예로 들어 설명하면, SK 통신사 광고 문자 발송은 월요일에 A 지역, 목요일에 B 지역으로 진행한다. KT 통신사 광고 문자는 다음 주 월요일에 B 지역, 목요일에 A 지역으로 진행한다. 다음 달에는 카드사 고객 광고 문자를 카드사별로 일정을 나누어 진행하는 방식이다. 발송 일자를 구분해 지역별 통신사 또는 카드사별 반응을 확인할 수 있다.

✅ 한정된 광고 홍보예산을 활용해서 최소 비용으로 최대 효과를 거두기 위해서는 매체별로 효과성을 분석해서 연장 시행 여부를 판단해야 한다. 사전 영업 기간과 미분양 판매 기간은 각각 특성에 맞게, 온라인 광고와 오프라인 광고도 특성에 맞게 분석하고 시행 여부를 판단하는 것이 필요하다.

02

상황별 광고안 차별화

사전 영업 광고안은 품격 있게, 미분양 광고안은 가시성을 극대화해야 한다

사전 영업 광고안은 고객에게 처음으로 공개하는 포장지와 같다. 내용물(분양가, 세대 평면 등)은 나중에 확인할 수 있지만, 첫 이미지라는 점에서 품격 있게 만들어야 한다. 고객은 사전 영업 광고 홍보물을 통해서 대략적인 분양 일정과 단지 조감도, 단지의 특장점 등을 확인할 수 있다. 특히, 1군 브랜드에서는 브랜드 정책상 광고안의 색상과 디자인 등 매뉴얼이 있다. 매뉴얼에 맞춰 광고안을 제작해야 하므로 특정 단지에서 독창적인 디자인이나 눈에 띄는 색상으로 광고안을 만들 수 없다.

만약 광고 홍보예산이 충분하고, 대규모 단지라서 사전 영업 기간이 충분히 길 때는 티저(Teaser) 광고를 먼저 내보낸 후, 일정 시간을 두고 본 광고를 내보내기도 한다.

사전 영업, 본 영업이 끝나고 미분양 판매 시기가 되면, 품격이 있는 광고안은 전혀 필요가 없다. 오로지 가시성이 좋아야 한다. 홍보물의 디자인이나 문구, 색상 모두 눈에 잘 띄는 데 초점을 맞추어야 한다. 조직 분양 영업을 할 경우는 조직 분양 팀에서 요청하는 광고안을 그대로 적용하는 것이 좋다. 필요하다면 광고대행사를 통해서 너무 조잡한 부분만 다듬어줄 수는 있다. 분양소장 의견대로 광고안을 적용해서 진행하면 조직 분양팀에서는 광고안이 자극적이지 않아서 실적이 안 나온다는 핑계를 대기 십상이다.

광고안에서는 특장점 중에서 가장 파괴력이 큰 두세 가지를 집중적으로 강조하는 것이 효과적이다. 계약금 정액제, 중도금 무이자, 무제한 전매 가능, 발코니 확장 무상 등 가장 고객에게 설득력이 있는 판촉 조건을 강조하고 전화번호를 인지시키는 것이 중요하다. 광고를 보고 고객이 전화하면 상담하면서 방문을 유도하고 방문 상담을 통해서 계약을 체결하는 순서로 진행한다.

광고안에서 텍스트가 길면 가시성이 떨어지고, 한눈에 들어오지 않는다. 광고 매체가 온라인, 오프라인 모두 한눈에 들어오지 않으면 그냥 스쳐 지나가는 광고 중 하나에 불과해서 인바운드나 방문으로 이어지기 어렵다.

> ☑ 광고안은 고객에게 품격이 높은 단지 이미지를 형성해야 하는 점과 가시성이 뛰어나야 한다는 특징이 있다. 사전 영업 때는 품격을 미분양 판매 때는 가시성을 우선적으로 고려해서 광고안을 제작하면 좋다. 광고안에서는 가장 강력한 판촉 조건 두세 가지를 집중적으로 강조해서 인바운드, 방문으로 유도해서 실적을 올리면 된다.

CASE
40

비인기 단지는 관심을 유도할 수 있는
광고안이 필요하다

2015년, 경남지역 재개발 아파트를 분양할 때의 일이다. 주거 선호
도가 높은 지역이 아니었고, 단지 규모가 작지는 않지만, 단독주택 밀
집지에 있는 나홀로 아파트 단지였기에 지역 주민들의 관심이 많지 않
았다. 교통이 편리한 장점이 있지만, 분양가도 인근 시세 대비 싼 편이
아니었다. 초기 붐업이 중요한 단지였기에 광고안을 색다르게 진행해
서 관심을 유도하고 싶었다. 그 당시에는 모바일 게임이 PC 게임을 대
체하고 있는 시점이라서 TV에서 게임 광고가 등장하기 시작했다. 거기
에서 아이디어를 얻어서 기존의 아파트 광고와 다르게 티저 광고안을
게임 광고처럼 만들었다. '엑스칼리버 칼을 뽑는 기사'의 모습을 형상
화했다. 일단 광고가 웅장해 보이고 멋있었다. 티저 광고는 성공적이어
서 지역에서 관심 끌기에 성공했다.

지역 주택시장이 호황기는 아니었기에 분양이 쉽지 않았지만, 초기

붐업에 성공했고, 미분양 판매에 오래 걸리지 않아서 중도금 1회차 일정이 도래하기 전에 분양을 완료할 수 있었다.

> ☑ 광고 홍보는 초기 붐업에 중요한 역할을 한다. 모델하우스 오픈 3일간(금, 토, 일) 집객이 안 되면 청약률과 분양률에도 큰 영향을 미친다. 비인기 단지는 관심을 유도할 수 있도록 계속 노력해야 한다. 사전 영업 때는 광고 홍보 시안도 독특하게 하고, 단지의 장점과 분양 일정 등을 충분히 홍보해야 한다. 모델하우스 오픈 기간에는 이벤트도 적극적으로 활용해야 한다. 오픈 3일간 선착순 선물 이벤트를 해서 오픈 시간 전에 대기 줄을 길게 세우고, 낮에는 경품 이벤트를 해서 방문객의 체류시간을 늘리는 것은 비인기 단지 분양에서 필수적이다.

CASE
41

선거나 체육행사 등이 있는 기간에는
온라인 광고를 강화해야 한다

광고 홍보는 오프라인 광고와 온라인 광고로 나눌 수 있는데 오프라인 광고에서 대부분은 옥외 광고이다. 옥외 광고는 전광판, 현수막, 지하철역 와이드·스크린 도어, 버스 쉘터, 버스 래핑 등이 있다. 분양 기간에 각종 선거(대통령 선거, 국회의원선거, 보궐선거 등)나 체육행사(전국체육대회, 국제대회 등)가 있으면 행사 기간에는 옥외광고가 제한된다. 특히 게릴라 현수막은 거의 불가능하다. 선거 운동 기간은 대통령 선거는 22일, 다른 선거는 13일이다. 체육행사 중 전국체육대회 기간은 13일이다. 이럴 때는 온라인 광고에 집중해야 한다. 인터넷 및 모바일 광고가 있는데 네이버 등 포털사이트 배너, 카페나 블로그 배너, GDN 등이 있다.

국제대회인 월드컵이나 올림픽은 한국에서 개최하는 행사가 아니면 분양에 큰 영향이 없다. 광고 홍보에도 아무런 지장이 없다. 전 국민이 관심을 가질 정도의 대규모 국제행사는 2002년 월드컵, 2018년 평창

동계올림픽 이후에 별로 없었다. 앞으로 2036년 서울 하계올림픽 유치에 도전한다는 말이 있긴 하다.

국내 체육행사로는 대표적으로 전국체육대회가 있다. 2024년에는 전국체육대회가 경상남도에서 열렸다. 전국체육대회 10월 11~17일, 전국 장애인체육대회 10월 25~30일인데, 이 기간에는 옥외 광고는 거의 어렵다. 게릴라 현수막을 걸어도 바로 떨어져서 비용만 들고 효과는 없다. 어쩔 수 없이 온라인 배너 광고와 GDN, LMS(지정번호, 통신사, 카드사 고객 대상)에 집중하고, 게릴라 현수막은 인접한 부산 지역에 집중했다.

> ✅ 30~40대는 인터넷 모바일 광고에 익숙하고, 50대 이상은 상대적으로 옥외 광고에 익숙하다. 선거나 체육행사 등이 있어서 옥외 광고에 제한이 있을 때는 온라인 광고를 강화해서 옥외 광고의 공백을 채우는 것이 필요하다.

미국 부동산 임대료 책정 소프트웨어기업
: 리얼 페이지의 소송

1. 리얼 페이지(Real Page)

미국의 임대가격 책정 소프트웨어 회사로, 부동산 관리 및 임대가격 책정 솔루션을 제공한다. 이 회사는 주로 부동산 소유자와 관리자를 대상으로 다양한 소프트웨어와 서비스를 제공해 임대료 설정, 재산 관리, 입주자 관리, 회계 및 재무 관리 등을 지원한다. 리얼페이지의 소프트웨어는 데이터 분석과 인공지능을 활용해 시장 동향을 파악하고, 최적의 임대료를 설정하는 것이 핵심이다.

① 주요 요소
* 데이터의 수집 및 분석
- 시장 데이터 : 다양한 소스에서 시장 데이터를 수집한다. 여기에는 지역 임대료, 경쟁 부동산의 가격, 경제 지표, 인구 통계 등이 포함된다.
- 실시간 데이터 : 실시간으로 업데이트되는 데이터를 통해 시장의 변화를 빠르게 반영할 수 있다.
- 역사적 데이터 : 과거의 임대료 데이터와 시장 동향을 분석해 미래의 가격 변동을 예측한다.

* 인공지능 및 머신러닝
- 예측 모델 : AI와 머신러닝 알고리즘을 사용해 임대료 예측 모델을

구축한다. 이 모델은 다양한 변수와 패턴을 분석해 최적의 임대료를 제안한다.

- 자동화된 의사결정 : 알고리즘이 자동으로 데이터를 분석하고, 임대료를 설정하는 데 필요한 의사결정을 지원한다.

* 경쟁 분석
- 경쟁 부동산 비교 : 주변 경쟁 부동산의 임대료와 비교해 자산의 경쟁력을 평가한다.
- 시장 포지셔닝 : 자산의 위치, 상태, 편의 시설 등을 고려해 시장에서의 포지셔닝을 분석한다.

* 수요와 공급 분석
- 수요 예측 : 지역 내 임대 수요를 예측해 임대료를 설정한다.
- 공급 관리 : 현재와 미래의 공급 상황을 고려해 임대료를 조정한다.

* 가격 최적화
- 가격 탄력성 분석 : 임대료 변화에 따른 수요 변화를 분석해 최적의 가격을 설정한다.
- 가격 조정 : 시장 상황에 따라 실시간으로 임대료를 조정한다.

② 임대가격 책정 방식의 장점
- 정확성 : 다양한 데이터를 종합적으로 분석해 정확한 임대료를 설정할 수 있다.
- 효율성 : 자동화된 시스템을 통해 시간과 노력을 절약할 수 있다.
- 경쟁력 강화 : 경쟁 부동산과의 비교를 통해 자산의 경쟁력을 유지

할 수 있다.

- 수익 극대화 : 최적의 임대료를 설정해 수익을 극대화할 수 있다.

③ 임대가격 책정 방식의 단점

- 복잡성 : 고도의 기술과 데이터 분석이 필요해 초기 설정과 운영이 복잡하다.
- 비용 : 소프트웨어 사용과 데이터 분석에 따른 비용이 발생한다.
- 시장 왜곡 가능성 : 잘못된 데이터나 모델링의 오류가 생기면 시장을 왜곡할 수 있다.

※ 임대가격 책정 방식이 시장에 미치는 영향과 법적 문제에 대한 논의가 필요하며, 이를 통해 공정하고 효율적인 임대료 책정이 이루어질 수 있도록 해야 한다.

2. 임대료 담합 관련 소송 내용

① 쟁점

소송의 주요 쟁점은 '리얼페이지의 소프트웨어가 임대료를 인위적으로 높이는 데 사용되었는지'다. 원고 측은 리얼페이지의 소프트웨어가 부동산 소유자와 관리자들 사이에서 가격 담합을 조장해 임대료를 인위적으로 상승시켰다고 주장하고 있다. 만약 원고 측 주장이 인정되면 반독점법 위반에 해당할 수 있다.

② 원고(임차인들)의 입장

* 가격 담합 : 리얼페이지의 소프트웨어가 부동산 소유자와 관리자들
  사이에서 가격 담합을 조장해 임대료를 인위적으로 상승시켰다.
* 시장 왜곡 : 소프트웨어가 시장의 자연스러운 가격 형성을 왜곡해
  임차인들에게 불리한 조건을 만들었다.
* 반독점법 위반 : 이러한 행위가 반독점법을 위반해 공정한 시장 경
  쟁을 저해했다.

③ 피고(리얼페이지와 부동산 소유자, 관리자들)의 입장

* 합법적 가격 책정 : 리얼페이지의 소프트웨어는 합법적인 데이터
  분석과 시장 동향을 기반으로 임대료를 설정하는 도구일 뿐이며,
  가격 담합을 조장하지 않았다.
* 시장 효율성 : 소프트웨어가 시장의 효율성을 높이고, 부동산 소유
  자와 관리자들이 더 나은 결정을 내릴 수 있도록 도와준다.
* 반독점법 준수 : 리얼페이지는 반독점법을 준수하고 있으며, 소프
  트웨어의 사용이 법적으로 문제가 없다.

④ 결론

리얼페이지의 소프트웨어가 임대료 가격 책정에 미치는 영향과 관련
된 중요한 법적 쟁점을 다루고 있다. 원고와 피고의 입장이 상반되며,
법원은 이를 통해 소프트웨어의 사용이 시장 경쟁에 미치는 영향을 평
가하게 될 것이다. 이 소송의 결과는 AI를 활용한 빅데이터 분석을 기
반으로 하는 부동산 관리 소프트웨어 산업 전반에 걸쳐 중요한 영향을
미칠 수 있다.

PART
04

신규 분양 판촉

01

2009~2010년 부산광역시, 경상남도 사례

2011~2012년 부산광역시에서 신규 분양할 때의 일이다. 분양시장이 본격적으로 회복기에 접어들기 전이라서 정당계약부터 선착순 계약까지 분양률 50%를 넘기는 것을 목표로 하던 시기였다.

분양시장이 호황일 때는 판촉이 필요하지 않다. 분양받고 싶은 수요자가 충분하기 때문이다. 따라서 선호도 높은 단지를 분양할 때는 방문객의 안전이 최우선이다. 방문객 동선을 최소화해서 체류시간을 줄이고, 동시 입장 인원을 제한해서 안전사고를 방지해야 한다. 간단한 상담을 위한 스탠딩 상담석을 운영하고, 경품 이벤트 등은 지양한다. 보안요원과 주차요원을 충분히 배치해서 혼란과 혼잡을 막는 일에 신경을 더 써야 한다.

그러나 분양시장이 불황일 때는 신규 분양할 때부터 판촉 전략을 수립해야 한다. 처음부터 조직 분양 영업을 하거나 미리 단계별 판촉을 준비하고 있다가 분양률에 따라 즉시 시행하는 등 사전에 철저한 준비가 필요하다. 오픈 3개월 내 분양 완료할 수 있는 단지는 굳이 설명할 필요가 없다. 미분양 발생이 예상되고, 실제로도 미분양 판매가 어느 정도 이루어진 단지를 중심으로 설명하고자 한다.

모델하우스 오픈 붐업 이벤트를
차별화해야 한다

일반적인 오픈 이벤트로는 관심을 끌 수 없다. 대단지에서는 고급 승용차를 경품으로 한다거나 명품 가방을 준다거나 하는 방식도 있지만, 비용이 많이 든다. 부산광역시에서 분양할 때 지역적 특성을 고려한 이벤트로 성공한 사례와 사회공헌활동을 통해 좋은 이미지를 부각한 사례를 소개하겠다.

부산 시민들은 야구를 좋아하고 관심이 많다. 자이언츠 구단에 요청해서 개막전 티켓을 대량 구매할 수 있었고, 경품행사용으로 활용했다. 사전 영업 때 경품 이벤트를 홍보하고 모델하우스 오픈 3일간 경품을 진행하면서 개막전 티켓을 나눠주었다. 반응은 뜨거웠다. 개막전 티켓보다 비싼 가전제품도 경품으로 있었지만, 개막전 티켓을 더 선호하는 사람이 많았다. 개막전 티켓은 경쟁이 치열해서 구하기 어렵기도 하고, 선물로 주면 받는 사람이 기뻐하는 희소성이 있는 품목이라는 점에서 액면 가격보다 더 가치가 있다고 인식되고 있었다. 물론 지금은 그때와 달리 구단을 통해서 개막전 티켓을 구매하기 어렵다. KBO에서 티켓판매를 주관해서 구단에 배분되는 양이 적다.

또한, 오픈 첫날은 자이언츠 은퇴선수들의 팬 사인회도 진행했다. 김용희, 김민호, 마해영 선수 3명을 초청해서 진행했는데 사인볼을 받기 위해 방문한 어른 팬들이 많았다.

아파트 공급 지역의 구청에 기부 이벤트를 미리 협의하고 사회공헌 활동을 진행했다. 오픈 3일간 모델하우스 방문객을 카운트해서 기부하는 방식이다. 방문객 몇 명당 쌀 10kg, 라면 1~2상자를 적립했다가 구청에 기부하면 구청에서 지역 내 거주하는 소외계층에 증정하는 행사다. 이 행사는 지역 내에서 기업 이미지를 상승시키는 추가 효과도 있었다. 부산광역시뿐만 아니라 이후 경기도에서 분양할 때도 진행했다.

롯데건설, 분양단지 지역민에 '사랑의 쌀' 기부

🧑 이윤정 기자 | yj200@seoulfn.com | ⏱ 승인 2013.03.07 10:41 | 💬 댓글 0

방문객 수만큼 기증품 마련

[서울파이낸스 이윤정기자] 롯데건설이 '동탄 롯데캐슬 알바트로스' 견본주택에서 화성시 내 소외된 이웃에게 쌀 1250kg과 라면 125박스를 기증했다.

7일 롯데건설은 이 견본주택이 지난달 28일 개관한 이래 4일 동안 고객 300명당 쌀 10kg과 라면 1박스를 모아 전날 화성시 복지정책과에 기부하는 행사를 진행했다고 밝혔다. 이 기간 동안 총 3만8000여 명의 고객들이 견본주택을 방문해 이 같은 규모의 기증품이 마련됐다.

▲ 권소혁 '동탄 롯데캐슬 알바트로스' 분양 소장(좌)이 화성시 관계자에게 쌀과 라면을 전달하고 있다.

화성시는 전달식을 통해 기부 받은 쌀과 라면을 지역 내 소외된 이웃들에게 나눠줄 계획이다.

권소혁 분양소장은 "화성에서 아파트 분양사업을 진행하는 만큼 지역사회에 조금이라도 도움이 되기 위해 이번 행사를 마련했다"며 "앞으로도 다양한 사회공헌활동을 펼칠 수 있도록 노력하겠다"라고 밝혔다.

한편 동탄2신도시 A28블록에 입지하는 이 단지는 지하 1층~지상 29층, 16개동, 전용 101~241㎡ 총 1416가구로 구성됐다. 입주는 2015년 예정이며 견본주택은 경기 화성시 동탄면 영천리 일대 마련됐다. (1899-4321)

출처 : 〈서울파이낸스〉

✅ 관심도가 낮고 분양성이 떨어지는 단지를 분양할 때는 초기 붐업을 조성해
야 하는데 뻔한 이벤트로는 관심을 끌 수 없다. 모델하우스 오픈 시 붐업을
위해서 차별화된 이벤트를 기획할 것을 추천한다. 실수요자가 모델하우스를
방문했는데 방문객이 없고 썰렁하면 있던 관심도 없어지고, 다른 모델하우
스로 발길을 돌리게 된다. 오픈 초기 붐업은 실수요자만으로 채우는 게 부족
하다면 이벤트 경품을 바라고 방문하는 허수 방문객이라도 모아야 한다. 잔
칫날 손님이 없으면 망한 거다.

CASE
43

집객이 어려우면 방문객의
체류시간을 늘리는
이벤트라도 해야 한다

사전 영업을 충분히 했지만, 입지가 열위이거나 분양가가 비싸서 초기 붐업이 어려운 상황에서는 대책을 마련해야 한다. 모델하우스 오픈 때 선착순 300명에게 라면 번들을 하나씩 나눠주면, 몽골 텐트에 줄을 서지만 이분들의 대부분은 모델하우스에 입장한 후 10분 내 퇴장한다. 모델하우스 관람이 목적이 아니라 사은품을 받으러 왔기 때문이다. 그렇게 10시부터 오전 내내 모델하우스가 한산해진다.

오후에는 경품 이벤트를 하니까 경품 추첨 시간에 다시 모델하우스가 북적북적해진다. 3등, 4등을 1만 원 수준 경품으로 대상자를 늘려서 경품 추첨 시간을 최대한 늘려보지만, 그 방법도 한계가 있다. 경품 1등 발표가 끝나면 다시 썰물 빠지듯이 방문객들이 퇴장한다. 경품 행사를 10일 내내 진행한 적도 있다. 10일 동안 매일 1등 경품으로 42인치 LCD TV(LCD TV가 제일 좋은 제품이었음)를 주면서 모객했다.

방문객 모객이 어려우면 경품행사 외에도 체류시간을 늘리는 방법을 고민할 필요가 있다. 모델하우스 내부에 '포토존'을 만들어서 방문객이 자유롭게 사진 촬영을 할 수 있게 만들기도 하고, 사진사를 고용해서 방문객의 사진을 찍어서 액자에 넣어주는 이벤트를 한 적도 있다. 이런 이벤트는 당연히 경품 추첨 시간과 겹치지 않게 배정해야 한다. 트릭 아트가 인기를 끌고 있던 때는 '트릭아트' 그림을 모델하우스 여러 곳에 그려놓고 '포토존'으로 구성한 적도 있다. 연초에는 '가훈 써주기'나 '캘리그라피' 같은 이벤트를 하면, 고객이 가훈이나 캘리그라피를 신청한 후 세대 유닛을 구경하고 30분 후에 찾아갈 수 있도록 하기도 한다.

관심도가 낮고 분양성이 떨어지는 단지에서는 모델하우스 모객이 어려워서 체류시간을 늘리는 방법을 고민해야 한다. 물론 최근에는 분양성이 떨어지면 이런 이벤트를 하지 않고 사전 영업부터 조직 분양 영업을 하는 경우도 많다. 단기간에 분양 실적을 올리기 위해서는 조직 분양 영업이 효과가 좋지만, 수수료 비용이 많이 드는 단점이 있다. 사실 코로나19 팬데믹 이후 이벤트업체 대부분이 사라졌고, 모델하우스 이벤트도 상담 고객 또는 청약 신청고객 사은품 증정 이벤트 정도만 진행하는 경우가 많다.

출처 : 트릭아트 뮤지엄

✅ 분양시장이 어느 정도 회복되어서 조직 분양 영업 대신 데스크 영업으로 가능한 시기가 오면 이런 방법을 참고할 수 있겠다. 지금과 같이 분양시장이 안 좋으면 당장 실적이 급해서 처음부터 조직 분양 영업을 하는 것이 더 효과적이다.

정비 사업에서는 조합장, 조합 임원과 우호적인 관계가 중요하다

정비 사업(재건축, 재개발)에서 사업 주체는 조합이고, 조합장은 시행사의 대표이사와 같다. '조합과 시공사 사이의 중요한 협의 사항은 사업 담당자가 진행하고, 분양소장은 분양만 잘하면 되는데, 굳이 우호적인 관계를 유지할 필요가 있을까?' 하고 생각할 수 있다. 분양성이 양호해서 청약 당첨자(예비 입주자 포함) 계약으로 높은 분양률이 나오고 수월하게 분양이 완료될 수 있을 때는 상관없다. 그러나 미분양이 일정 기간 생기고 판촉도 필요하다면 상황은 다르다. 판촉 비용이 추가로 발생하면 조합원의 부담이 늘어나기 때문에 조합의 승인을 받기 어렵다. 조합장에게 판촉의 필요성을 설명하고 적정 판촉이라는 점을 이해시켜야 한다. 모든 일이 그렇듯 비업무적 관계가 영향이 있다.

필자는 처음 정비 사업 단지 분양을 담당했을 때 조합장이 미분양 동호수 현황을 달라는 요청이 왔는데 거절했다가 조합장의 반발로 고생한 적이 있다. 미분양 동호수 표는 미분양 판매에서 중요한 사항이라서 외부 반출이 조심스러워서 그렇게 응대했다가 장기간 뒷담화에 시달렸다. 준공 6개월 전에 단지 내 상가 분양을 위해 분양신고서에 조합장 날인을 받으러 갔다가 큰 곤욕을 치른 기억이 있다. 그 이후로 필자는 정비 사업 단지를 분양할 때는 처음부터 조합장과 우호적인 관계를 유지하려고 노력한다.

"조합장님, 안녕하십니까? 처음 뵙겠습니다. 분양소장입니다. 인사드립니다. 빈손으로 오기 뭐해서 감귤을 조금 준비했습니다. 좀 드셔보시겠어요?"

"아, 그래요? 반가워요. 허허, 굳이 뭐 이런 거 안 사와도 되는데."

"아닙니다. 점심 식사는 하셨을 시간이라서 간단히 간식으로 드시면 좋을 것 같아서요."

"네. 그래요. 분양은 잘되겠죠?"

"사전 영업을 지난 주말에 시작해서 한창 열심히 하고 있습니다. 조합장님 너무 걱정하지 않으셔도 됩니다. 조합원분들도 궁금해하실 것 같아서 홍보물하고 판촉물을 가져왔습니다. 혹시 더 필요하시면 추가로 보내드리겠습니다."

"그래요. 분양이 잘돼야 합니다. 우리 단지가 착공할 때까지 너무 오래 걸렸어요. 진작에 분양했어야 하는데 우여곡절이 참 많았습니다."

"네, 조합장님. 분양시장이 회복하고 있으니 오래 걸리지 않고 잘 마무리할 수 있습니다."

"그래요. 자주 들러서 어떻게 진행되는지 알려주고 하세요."

"네, 알겠습니다."

조합사무실에 처음 방문한 후에 거의 한 달에 한 번씩 방문해서 조합장, 총무이사, 감사 등 조합 임원분들과 인사를 나눴다. 방문할 때는 언제나 과일(감귤, 바나나 등), 빵(카스텔라, 케이크 등), 아이스크림(배스킨라빈스) 등 간식거리를 준비했다. 사람은 음식을 먹고 배가 부르면 온화해진다. 부드러운 분위기에서 궁금해하는 시장 상황이나 영업 상황을 답변하는 방식으로 몇 개월 방문한 후로는 조합장 및 조합 임원들과 우호적인 관계가 되었다. 역시 준공 6개월 전에 단지 내 상가의 분양신고서 날인도 쉽게 받을 수 있었다.

> ☑ 시행사에 대표이사가 있다면, 조합에는 조합장이 있다. 조합사무실에 자주 방문하면서 대화를 나누고 궁금해하는 사항을 답변하면 좋은 관계를 유지할 수 있다. 방문할 때는 거창한 선물 대신 간단한 간식을 준비하면 충분하다. 조합장과 우호적인 관계를 유지하면 향후 미분양 판촉이나 단지 내 상가 분양 신고할 때 어려움 없이 부드럽게 업무를 처리할 수 있다.

CASE
45

원스탑 상담 서비스로
솔루션 영업을 해야 한다

분양 업무를 하기 위해서는 여러 가지 지식이 필요하다. 청약제도와
계약체결 관련 내용은 상세히 알아야 하고, 대출이나 세금 관련 내용도
기본적인 내용은 알아야 한다. 그러나 분양상담사가 대출이나 세금 관
련한 내용을 직접 상담하는 것은 자제해야 한다. 세법은 수시로 바뀌고,
여러 가지 예외 조항이 있으며, 대출은 금융기관에 따라 기준이 다를 수
있기 때문이다. 고객의 상황에 맞는 관련 법을 정확히 숙지하지 않은 상
태에서 상담하면 안내를 잘못해서 심각한 문제가 발생할 수 있다.

고객이 분양받기 위해서는 대출이 되는지, 현재 주택 소유 상황에 따
라 세금 문제는 어떻게 되는지 궁금하다. 이런 고객의 요구사항을 충족
시키기 위해서 모델하우스에서 원스탑 상담 서비스를 도입하고 있다.
대출은 사업비대출 은행(조합사업은 이주비대출 은행) 또는 중도금대출 은행
에 요청해서 오픈 3일간 대출 상담사를 한 명 배치해서 상담 부스를 운

영한다. 오픈 3일이 지난 후에는 전화상담이 가능하도록 명함을 받아 두었다가 필요한 고객에게 전달한다.

세금 관련 상담을 위해 세무사를 오픈 3일간 모델하우스에 상주시키기는 어렵다. 은행은 사업비나 이주비를 대출하거나 중도금대출을 취급하면서 수익이 생길 수 있어서 협의할 수 있지만, 세무사는 직접 수익이 생기지 않는다. 필요할 경우 상담받을 수 있도록 세무사를 섭외해서 소개하는 정도가 한계다.

규제 지역에서는 자금조달계획서를 제출해야 한다. 그런데 자금조달계획서와 세부 서류를 작성하고 준비하는 게 간단하지 않다. 계약 기간에 법무사를 상주시켜서 서류 작성을 도와주는 방법이 있다. 물론 보존등기 등 집단 등기에 대한 협의가 있어야 가능하다. 일반분양보다는 정비사업의 조합원 계약에서 활용도가 높다.

왜 솔루션 영업을 해야 할까?

계약을 체결하기 전에 검토해야 할 사항이 많은데 검토가 다 끝나야 비로소 계약을 체결한다. 검토 기간이 길어지거나 검토하기 위해 전문가를 찾아서 상담받기 위한 노력이 추가로 필요할 때, 고객은 귀찮아하면서 계약을 포기할 수 있다. 투자 경험이 없거나, 투자 성향이 약할수록 계약을 포기할 가능성이 크다. 모델하우스에 방문하면 계약체결을 위해 검토할 사항을 모두 확인할 수 있으므로, 확인하고 계약만 하면 된다는 내용을 고객에게 어필해야 한다. 이것이 궁금증을 한 번에 해결할 수 있게 하는 솔루션 영업 방법이다.

✓ 계약률이 낮은 현장에서 고객이 계약하지 않을 이유는 수만 가지다. 고객의 애로사항을 파악하고 해결책을 제시하면 계약체결로 유도하기 수월해진다. 투자 가치가 있다는 점에 강조하지 말고, 투자하는 방법까지 알려주는 솔루션 영업이 더 효과적이다.

02

2016~2020년 경기도 사례

관심이 낮거나 단지 규모가 작으면
동시분양으로 붐업을 만들 수 있다

경기도 화성시, 수원시에서 공급하는 단지를 분양할 때의 일이다. 수원시에서는 2개 블록을 순차 분양하지 않고 한 번에 동시 분양했고, 화성시에서는 위치가 다른 뉴스테이 임대주택 단지 2개를 동시에 오픈했다.

수원시는 미분양이 많은 상황이라서 초기에 높은 분양률을 기대하기 어려웠다. 순차 분양 대신 동시분양으로 대단지를 강조하면서 붐업을 조성했고, 당첨자 발표일을 다르게 해서 동시 청약이 가능하게 했다. 다행히 청약률과 초기 분양률이 잘 나와서 30평대 이하는 선착순으로 분양을 완료하고, 40평대만 조직 분양 영업으로 전환해서 5개월 내 분양 완료할 수 있었다.

화성시의 뉴스테이는 그 당시 정부의 전세 가격 안정을 목적으로 시행하는 정책사업이었는데 뉴스테이에 대한 지역 주민들의 이해도가 낮아서 상품 설명에 많은 시간을 할애해야 했다. 두 개 단지를 따로 진행하는 것보다는 동시에 진행해서 광고비 예산도 충분히 확보하는 게 유리하다고 판단했다. 사전 영업부터 대규모로 영업 인원을 배치하고 광고 홍보도 강화해서 초기 붐업을 조성했다. 뉴스테이 상품 설명을 위해서 영화관을 대관해서 사업설명회를 하고, 이해하기 쉽도록 동영상과 만화 등 홍보물을 제작했다. 청약률은 높지 않았지만, 관심 고객 DB를 충분히 확보한 상황이라서 미분양 판매에 집중한 결과 6개월 내 임차인 모집을 완료할 수 있었다.

두 단지의 분양대행사가 달라서 여러모로 갈등이 있었는데 분양소장으로서 갈등을 조정하기 위해 노력했다. 모델하우스 내 고객 동선, 상담석 배치 등 물리적인 환경은 한번 정하면 되는 문제였지만, 고객 상담은 100% 분양 완료 시점까지 신경을 써야 했다. 방문객은 두 단지 모두 관람하고 상담도 각각 따로 받는다. 두 단지의 상담사는 서로 실적을 올리기 위해서 경쟁하는데, 경쟁이 과열되는 상황이 자주 발생했다. 선의의 경쟁이 되도록 중재하고 소통하기 위해 많이 노력했다.

> ✔ 대규모 단지의 장점을 강조하고 싶거나 새로운 상품이라서 이해시킬 내용이 많으면 홍보와 영업에 많은 시간과 비용, 인력을 투입해야 한다. 이런 경우에는 순차 분양보다 동시 분양이 유리할 수 있다. 광고 홍보예산을 합쳐서 집중적으로 투입하고, 영업 인력도 대규모로 동원할 수 있어서다. 단, 분양대행사가 복수로 투입되면 여러모로 갈등이 발생하므로 분양소장은 중립적인 입장에서 조정자 역할을 잘해야 한다.

47

분양성에 따라 층별, 향별, 동별 분양가
차등 비율을 다르게 해야 한다

분양가의 총합은 주택사업의 총매출이라서 분양가가 사업성을 좌우한다. 분양가를 높게 받아서 분양이 잘되면 개발이익이 늘어나지만, 분양가를 높였는데 분양이 잘 안 되면 미분양 세대에 대해 추가 판촉을 진행해야 한다. 추가 판촉하면 비용이 늘어나므로 결국 개발이익이 줄어들어서 사업성이 나빠진다. 분양률이 너무 낮으면 시행사는 개발이익은 없어지고, 자본금마저 날릴 수도 있다. 분양률이 더 심각하게 낮으면 수입 재원이 없어서 대출 이자 납부조차 어려워져서, 시공사는 공사비를 못 받을 수 있다.

분양가 책정은 '상품을 얼마나 잘 만드느냐'보다 더 중요하다.
일반적으로 신규 아파트의 분양가 책정은 원가법보다 거래사례비교법을 적용한다. 인근 지역 아파트 단지들과 입지와 상품, 준공 연차 등을 비교해서 우위와 열위 항목을 개량화해서 적정 분양가를 산정한다.

수요자의 가격 저항감이 높지 않게 책정해야 하는데 분양시장이 좋을 때는 시세 상승 기대감이 있어서 다소 높게 책정해도 분양이 잘되기도 한다. 반대로 분양시장이 나쁠 때는 시세 하락 기대감이 있어서 인근 시세 수준으로 책정해도 분양이 잘 안 되기도 한다. 수요자의 가격 저항감을 최소화하거나 그렇지 못하다면 극복 방안을 사전에 준비해야 한다.

분양가 총액이 정해지면 단지 내에서 층별, 향별, 동별 차등률을 적용한다. 영구 조망이 가능한 동이나 고층에 가중치를 높여주고, 동향이나 서향은 남향 대비 가중치를 낮춰준다. 옹벽이 인접해서 일조량이 부족한 세대는 특히 분양가를 낮춰준다. 분양가 차등률은 단지 컨디션이 기본이지만 분양성도 함께 고려해야 한다.

일반적으로 층별 차등은 50층 이상 초고층 아파트는 15% 이상, 35층 이하 아파트는 10% 이하로 책정한다. 추가로 초기 분양률이 60% 이상이 예상되면 저층부나 열위 세대의 차등률을 더 높이는 방법도 좋다. 초기에 고층 세대와 남향 세대 등은 분양이 완료되어 저층 세대와 동향 등 세대만 미분양으로 남게 되는데, 고층 남향 세대 대비 분양가 차이가 크다는 점을 셀링포인트로 활용할 수 있기 때문이다. 만약 고층 세대에 초기 프리미엄까지 형성되어 거래된다면 미분양 세대 분양은 걱정할 필요가 없어진다.

반대로 초기 분양률이 30% 이하가 예상되면 저층, 동향 세대의 분양가 차등률을 더 낮추는 방법이 좋다. 고층 남향 세대도 초기에 분양이 쉽지 않은 상황이므로 차등률을 줄여서 고층 남향 세대의 가격 저항감을 조금이라도 낮춰야 하기 때문이다. 분양시장이 좋아지지 않으면 미분양 세대는 추가 판촉을 진행하거나 시간을 두고 꼬박꼬박 팔면서 분양률을 높일 수밖에 없다. 단, 중도금 약정일 전에 분양률 60%는 달성하는 것이 중요하다. 분양률 60% 이상이 되어야 중도금대출 은행 선정이 순조롭기 때문이다. 계약금만 받아서는 부족하고 중도금까지 수금해야 사업비 지출에 차질이 생기지 않는다.

> ✓ 수요자의 가격 저항감을 최소화해서 초기 분양률을 극대화하기 위해서는 분양가 차등률이 중요하다. 시장 상황이나 상품, 입지 조건 등을 고려할 때 초기 분양률이 60% 이상으로 예상되면 분양가 차등률을 늘려서 추가 판촉 비용 없이 열위 세대의 분양률을 높일 수 있다. 반대로 시장 상황, 상품, 입지 조건 등을 고려할 때 초기 분양률이 30% 미만으로 예상되면 분양가 차등률을 줄여서 고층 세대의 가격 저항감을 낮춰야 한다. 가격 저항이 크면 영업력으로 극복할 수 없다. 가격 저항을 줄여서 고층부를 하루라도 빨리 판매한 후, 저층 세대는 다음 단계로 추가 판촉을 준비하는 것이 바람직하다.

시스템 에어컨 등 옵션 가격 책정 시 일관성이 있어야 한다

옵션 계약에서 발코니 확장과 시스템 에어컨, 두 가지는 거의 필수적으로 계약한다. 나머지 유상옵션 품목은 개인의 취향이고, 실거주를 생각하면 중문, 빌트인 가전제품, 주방 스타일업 등 유상옵션을 계약하지만, 투자자는 임대를 놓을 예정이라서 발코니 확장과 시스템 에어컨을 제외한 유상옵션 품목은 계약하지 않는 경우가 많다.

시스템 에어컨은 제품 구매비용과 배관 등 시공 비용, 마진, 부가가치세 등을 고려해서 옵션 금액을 책정한다. 제품은 삼성전자와 LG전자 제품을 주로 설치하고, 제품 성능은 대체로 비슷하지만, 실내기는 추가기능 유무에 따라, 실외기 용량에 따라 금액 차이가 있다.

시스템 에어컨 금액은 분양자가 너무 비싸다는 생각이 들면 민원을 제기하기 쉽다. 동일 평형 기준으로 같은 회사 다른 단지의 옵션 금액,

같은 지역의 경쟁사 단지의 옵션 금액 등을 비교해서 왜 금액 차이가 있는지 설명을 요청한다. 실제로 경기도 신도시 지역에서 분양할 때 인근 경쟁사 단지들의 시스템 에어컨 금액과 당사 다른 단지 금액들을 정리해서 왜 차이가 있는지 설명을 요청한 사례가 있다.

"분양소장이세요? 저는 입주예정자 카페의 카페지기입니다. 우리 단지 시스템 에어컨 금액이 다른 단지에 비해서 비쌉니다. 그 이유를 설명해주세요."

"네, 안녕하세요. 시스템 에어컨은 삼성전자 제품이고, 현재 출시되는 제품 중에 제일 좋은 모델로 시공됩니다."

"여기 옆 단지들 옵션 금액하고 비교한 자료를 준비해왔습니다. 전부 삼성전자 제품이에요. 실외기 용량 5KW 차이밖에 없는데 옵션 금액 차이가 너무 많이 나요. 회사에서 너무 폭리를 취하는 거 아닙니까?"

"진정하세요. 삼성전자 담당자와 왜 차이가 나는지 확인하고 답변드리겠습니다. 잠시만 기다려주세요."

- 삼성전자 담당자 통화 후 -

"계약자님. 삼성전자 담당자에게 확인해보니 실외기의 용량 차이는 5KW가 맞습니다. 그런데 실내기의 종류가 다르다고 합니다. 저희가 시공하는 제품에는 공기 청정 기능이 있는 제일 상위등급 제품이라서 실내기의 판매가가 다른 단지와 차이가 있답니다. 다른 단지는 공기 청정 기능이 없는 제품입니다. 더 자세한 사항이 궁금하시면 삼성전자 서비스센터에 문의하시면 자세한 설명을 들으실 수 있습니다."

"그래요? 알겠습니다. 통화하겠습니다."

정부에서 HUG를 통해 분양가 규제를 심하게 해서 사업성이 안 나오면 시공사는 미봉책으로 옵션 금액을 높여서 사업성을 개선하는 노력을 했던 시기가 있었다. 아무리 그렇더라도 계약자가 쉽게 제품 금액을 확인할 수 있는 시스템 에어컨은 옵션 금액을 책정할 때 조심해야 한다. 마진율에 일관성이 없으면 민원이 발생했을 때 대응하기 어렵다. 요즘 고객들은 똑똑하다. 데이터를 직접 수집하고 비교 분석해서 제시하므로 철저히 준비해서 대응해야 문제가 생기지 않는다.

> ✅ 옵션 계약은 일반적으로 사업 주체가 아니라 시공사와 수분양자의 계약으로 진행한다. 시공사에서 옵션 금액을 책정할 때는 일관성이 있어야 한다. 제품에 새로운 기능이 추가되거나 모델 변경 등 제조사의 사정이 있는 경우, 구리 가격 등 상승으로 원가 상승 요인이 있는 경우와 같이 합리적인 사유가 없는데, 옵션 금액 차이가 심하면 고객을 설득할 수 없다.

CASE
49

공동 사업에서 각 사의
기준 차이를 잘 협의해야 한다

　공동 도급 사업, 공동 자체 사업 등을 진행하다 보면 주관사 기준으로 진행하는 경우가 많다. 지분 비율이 60:40처럼 지분 차이가 크면 주관사가 마음대로 해도 비 주관사의 반발이 적지만, 50:50 또는 55:45와 같이 지분 비율이 같거나 차이가 작으면 충분한 협의를 통해 공감대를 형성하지 않으면 갈등이 생길 수 있다.

　현장에서는 지분 비율에 따라 공구를 분할해 시공하고, 원가를 배분해 정산한다. 분양에서는 일반적으로 주관사가 분양 업무를 하고, 비 주관사는 중요한 사항만 협의한다. 협의할 주요 사항은 총판매 비용, 비용정산 방법, 옵션 금액, 계약자 전산 관리 등이다.

　총판매 비용은 최초 계획보다 절감하면 이익이 되므로 비 주관사 입장에서도 중요하다. 특히 공동 자체 사업일 때는 주관사와 협의가 꼭 필요하다. 분양 비용 정산에서는 실비 정산을 하는데, 증빙서류의 범위에 관해 협의가 필요하다.

옵션 금액은 제품의 공급 단가와 시공비용 등 원가에서 회사별로 다소 차이가 있어서 사전에 협의를 통해 옵션 금액을 결정해야 한다. 옵션 계약은 주관사에서 일괄적으로 계약하기도 하지만, 공구별로 각 사에서 따로 진행하는 경우가 많다. 옵션 계약 현황이 동호수별로 차이가 있어서 지분율과 옵션 매출이 일치하지 않는다. 또한, 각 사에서 주로 진행하는 옵션 품목이 달라서 공통 품목으로 협의하는 과정도 거쳐야 한다. 향후 하자보수 문제도 있어서 옵션 계약은 각 사에서 알아서 처리하는 방식이 무난하다.

계약자도 계약서에 주관사인 A사 인감만 날인되어 있는데, 하자가 있을 때 문의하면 비 주관사인 B사가 시공한 동이므로 B사에 문의하고 접수하라고 하면 계약자는 혼란스럽고 불편함을 느낀다. 이런 상황이 반복되면 계약자는 공동 시공사가 서로 핑퐁 한다고 생각해서 불만이 쌓일 수 있고, 각 회사의 공사 담당자 간에도 갈등이 생길 수 있다.

> ☑ 재건축·재개발 사업 중 대규모 단지는 특히, 공동 도급 사업이 많다. 2개 회사가 아니라 4개 회사까지도 공동 시공을 하면 각 사의 브랜드를 모두 단지 명에 넣기 어려워서, 또는 조합원들의 선호도 차이가 있어서 별도의 단지 명을 정하는 단지도 많다. 공동 사업에서는 주관사라고 해서 비 주관사를 무시하고 일방적으로 업무를 처리하면 안 되고, 비 주관사도 주관사가 무시하는 게 못마땅해서 사사건건 딴지를 거는 것도 좋지 않다. 협력관계라고 인식하고 서로 잘 협의하는 것이 중요하다.

CASE
50

시행사가 분양 용역사와 직접 계약할 경우, 분양소장은 시행사 및 용역사와 공감대를 형성해야 한다

시행사가 분양 업무를 시공사에 위임하지 않고 직접 분양 용역사(분양대행사, 광고대행사)와 직접 계약하는 경우가 있다. 시행사가 분양에 관한 관심이 많고, 간접적인 경험을 한 적이 있어서 위임하기 싫거나, 분양비용 예산을 도급액에 포함하지 않고 직접 통제(집행)하고 싶어서 그런경우가 많다. 주택시장도 호황기이고, 상품도 가격 경쟁력이 있고, 입지가 좋아서 줄 서서 계약할 상황이면 아무 문제가 없다. 그러나 항상 마케팅 활동은 분양이 어려운 시기에 분양이 어려운 상품을 대상으로 한다는 점에서 문제가 발생한다.

대체로 분양대행사나 광고대행사가 시행사의 자회사이거나 시행사와 친분이 많은 회사일 확률이 높다. 분양대행 수수료는 얼마로 계약했는지, 광고 기획료와 홍보 매체별 단가는 얼마로 하기로 했는지 분양소장에게 말해주지 않는다. 분양소장은 오직 분양 실적을 빨리 올리기 위한 전략에 집중할 수밖에 없다. 한정된 예산에서 최대의 효과를 내기 위해 노력해야 한다. 적절한 시기에 마케팅 판촉을 시행하려면 시행사와 사전 협의가 필요한데, 그렇기 위해서는 신뢰를 형성하는 노력을 해야 한다.

분양대행사와 광고대행사는 분양소장이 총괄하면서 진행하는 마케팅 전략에 따라 유기적으로 움직여야 하는데, 시행사가 마치 최종 결재권자처럼 있으면 적절한 시기에 판촉을 시행하기 어렵다. 그렇다고 시행사와 매번 협상을 통해서 진행하기는 어렵다. 그러므로 시행사와 사전에 공감대를 형성해서 신뢰를 쌓아야 한다. 신뢰가 쌓이면 비용이 많이 드는 판촉도 협의할 수 있고, 예산 내에서 집행하는 구체적인 사항은 분양소장이 자율성을 보장받을 수 있다. 신뢰를 쌓기 위해서는 사전에 단계별 마케팅 전략을 시행사에 가서 설명하고, 분양시장에 관한 인사이트를 제공하는 등 분양소장이 전문성이 있다는 점을 인식시켜야 분양소장의 말에 공감하고 간섭을 덜 한다.

분양 용역사와도 공감대를 형성해야 한다. 경험이 많은 분양소장은 본인의 경험을 바탕으로 전략을 수립하더라도 분양대행사와 광고대행사의 의견을 존중하면서 조율해야 하고, 경험이 적은 분양소장은 분양대행사와 광고대행사의 의견을 신중하게 검토해야 한다. 대행사의 의견에 일방적으로 휘둘려서는 안 된다. 경험이 많은 선배 분양소장의 조언을 듣는 것도 좋다.

광고대행사에서 최종 결정권은 시행사에 있다고 하면서 분양소장의 요청에도 불구하고 광고 홍보를 진행하지 않고 시행사가 승낙하면 그

때 진행하겠다고 할 때도 있다. 이때는 화를 내지 말고 용역사와 공감대를 형성해야 한다. 분양소장이 기획한 분양판촉과 광고 홍보 계획이 왜 필요할까? 그리고 어떤 효과가 있을까? 구체적으로 설득하고 공감해야 원활하게 업무가 진행될 수 있다.

분양소장의 권위로 누르려고 하면 안 된다. 분양소장이 아무리 강압적인 태도를 보인다고 해서 그들은 눈 하나 깜짝하지 않는다. 분양소장은 그들에게 돈 주는 사람이 아니다. 내가 칼자루를 쥐고 있지 않다는 말이다. 나의 권위가 바닥이라고 생각하면 비참한 마음이 생길 수 있지만, 현재 상황에서 슬기롭게 헤쳐나가기 위해서는 공감대 형성을 통한 우군화 노력이 필요하다. 용역사의 의견을 존중하고 대우하면서 소통하는 방법밖에 없다.

> ✔ 시행사에서 분양 용역사와 직접 계약하고, 분양 마케팅 판촉에도 깊이 개입한다면 분양소장은 시행사와 분양 용역사 모두 공감대를 통한 신뢰관계를 형성해야 한다. 대립적인 관계를 만들면 원하는 시기에 판촉을 시행하거나 광고 홍보를 진행하기 어렵다. 결국 실적 부진에 따른 압박을 받는 것은 분양소장이다.

정비 사업 분양에서는
조합원 입주권 매물을
통제해야 한다

정비 사업(재건축, 재개발)에는 사업 주체이자 토지주인 조합원이 있다. 조합원들이 분양받고 남는 물량이 생기면 일반 분양을 하게 되는데, 입지가 좋은 지역일수록 조합원 현금청산이 적어서 일반 분양 물량이 적다. 참고로 재건축사업은 공동주택을 재건축하기 때문에 조합원의 감정 평가금액이 비슷해서 조합원 개인의 분담금도 비슷하다. 반면 재개발사업은 주로 단독주택지를 재개발하기 때문에 조합원들의 감정 평가금액의 차이가 커서 분담금의 차이도 크다. 또한, 정비구역 내 상가가 많으면 영업보상 및 권리가액 문제로 조합원 간 이해관계 대립이 자주 발생한다. 그에 따라 사업 일정 지연이 반복되고, 사업 지연이 장기화되면 조합원 입주권 매물도 많이 나오게 된다.

물론 투기과열지구에서 진행하는 정비 사업은 조합원 지위 양도 제한(재건축은 조합설립 인가 이후, 재개발은 관리처분인가 이후 양도 제한)이 있어서 일반 분양할 때 조합원 입주권 매물이 나오지 않는다. 물론 양도 제한의 예외 사유가 있다. 10년 이상 보유하고 5년 이상 거주한 1세대 1주택자, 조합설립 인가를 받고 3년 내 사업시행인가를 신청하지 못했거나 사업시행인가를 받고 3년 내 착공하지 못한 경우, 착공일로부터 3년 이상 준공되지 않은 재건축사업의 토지를 3년 이상 계속해서 소유하고 있는 경우 등이다(도정법 시행령 제37조 제2항).

정비 사업이 진행될 정도의 사업성이 나오는 지역이라면 서울 및 인근 수도권 지역 또는 광역시의 중심 지역과 입지가 양호한 지역이다. 그러나 일반 분양 동호수는 조합원 동호수를 제외한 나머지로 구성되기 때문에 평형대나 향, 층, 타입이 비선호 세대 위주로 남는다. 조합원 동호수에 비해서 열위 세대라서 조합원 입주권 매물이 시장에 많이 나오면 경쟁이 되지 않는다.

또한, 일반 분양과 달리 조합원 분양 세대는 발코니 확장 무상, 유상 옵션 일부 무상 제공 등 상품의 차이가 있다. 특히, 세대별 대지 지분 비율이 높은 저층 아파트 단지를 재건축할 경우는 조합의 비례율이 높다. 일반 분양 세대 수와 분양가에 따라 그 정도의 차이는 있지만, 초과 이익 환수의 문제가 있어서 조합원 분양 세대는 옵션(빌트인 가전제품, 가구 등) 무상 제공이나 마감재를 고급화하는 경향이 있다. 일반 분양은 기본 마감재를 제공하고 유상옵션으로 마감재 업그레이드를 한다면, 조합은 업그레이드 마감재를 기본으로 시공하는 방식 등이다.

동호수 선호도(고층, 남향, 판상형 등)와 세대 마감 수준(조합원 무상 제공 품목 등)에서 일반 분양 분양권보다 조합원 입주권이 우위에 있다. 따라서 일반 분양 시기에 조합원 입주권 매물이 많이 풀리면 일반 분양에 방해가 된다. 사전에 조합장 및 조합 임원과 신뢰를 형성한 후, 일반 분양 시기에는 조합원 입주권 매물이 시장에 나오지 않도록 협조 요청을 해야 한다.

투자자는 일반 분양 분양권 대신 조합원 입주권을 매수하는 것도 좋은 투자 방법이다. 단 목돈이 필요하다는 단점이 있다. 일반 분양은 분양가의 10%에 해당하는 계약금만 있으면 준공 때까지 추가 자금이 들어가지 않는다. 반면, 조합원 입주권은 조합원 분양가 중 권리가액(종전자산 감정평가액×비례율)과 프리미엄을 일시에 지급해야 한다. 분담금은 승계해서 준공 시에 납부하면 된다.

> ☑ 정비 사업에서 일반 분양을 할 때는 사전 영업 기간부터 분양률이 60% 이상 달성할 때까지 조합원 입주권 매물이 시장에 나오지 않도록 협조를 구하는 것이 좋다. 조합원 동호수가 선호도 높은 세대이고, 마감 수준도 더 좋아서 일반 분양 세대보다 비교우위에 있기 때문이다. 조합원이 일반 분양 100% 완료 시점까지 기다려준다면 제일 좋겠지만, 현실적으로 어렵다. 조합 개인의 재산권이므로 무리한 요구를 하거나 강제할 수 없다. 일반 분양이 성공해야 조합 전체의 이익이므로 조합원들에게 입주권 매도 시기를 조절해 달라고 협조를 요청하는 부탁을 해야 한다.

모델하우스에 여성 경호 요원이 필수가 된 이유

모델하우스에서는 오픈 3일간 붐업 조성을 위해서 경품 이벤트를 진행한다. 경품 이벤트를 하지 않더라도 집객이 잘되는 현장에서는 생략하기도 한다. 경품추첨 행사는 사전 영업 때 배포한 경품 응모권 또는 오픈 당일 지급하는 경품 응모권을 대상으로 추첨하는 방식이다.

2010~2011년 부산 오픈 현장에서 이야기다. 오픈 당일 오후 2시부터 시작한 경품 추첨은 20분 정도 걸려서 잘 마무리했다. 더 빨리 끝날 수도 있는데 모객이 필요한 현장이라서 경품 당첨자는 추첨 때 현장에 있어야 경품을 지급하는 것으로 했기 때문에 평소보다 시간이 오래 걸렸다. 경품 추첨이 끝나자, 당첨자와 상담 고객을 제외한 방문객들은 썰물처럼 빠져나가기 시작했다. 그런데 입구 쪽에서 한 여성이 항의하는 모습이 보였다.

"경호 팀장님, 무슨 일인가요?"
"소장님, 이분이 경품 추첨할 때 자기 경품권을 빼고 추첨했다고 무효라고 억지를 부리고 있습니다."
"고객님, 경품 응모권을 경품함에 직접 넣으셨죠? 저희 직원이 대신 넣지 않았죠?"
"네."
"저희가 경품 응모함에 넣은 응모권을 빼지 않습니다. 고객님 성함도 모르는데 고객님 응모권만 뺀다는 건 말이 안 됩니다. 그리고 저희가 뺄 이유도 없습니다. 응모하신 분 중에 어떤 분이 당첨되어도 저희는 상관없으니까요."

"그러니까 내 응모권이 있는지 확인해야겠어요."

"경품 응모함을 보세요. 수천 장이 들어 있습니다. 방문하신 고객님들 상담을 해야 합니다. 고객님이 넣은 응모권 한 장 찾는데 인원을 투입할 수 없습니다. 실제로 넣으신 건 맞나요?"

"응모권 다섯 장 넣었어요. 왜 나를 거짓말쟁이로 몰아요?"

"응모권을 다섯 장 넣었다구요? 고객님이 몇 장 넣으신 건지 알 수 없는 상황에서 확인해드릴 수는 없습니다. 내일 경품 행사가 또 있으니 그때 다시 응모하시고, 응모함을 모델하우스 내 보이는 곳에 비치할 겁니다. 응모함에서 빼는 일이 있는지 직접 확인하시면 되겠습니다."

"소장님, 제가 대응하겠습니다. 바쁘신데 업무를 보셔도 되겠습니다."

"네, 그럼 경호 팀장님께 맡기겠습니다. 잘 대응해주세요."

잠시 후, 경찰관 두 명이 오고 더 큰 소란이 일어났다.

"경호 팀장님, 무슨 일입니까?"

"이분이 모델하우스 인포메이션 앞에서 고객의 동선을 막고 있어서 옆으로 이동하시라고 말씀드렸는데 막무가내라서 옆으로 이동하도록 어깨를 살짝 밀었는데 성추행했다고 112에 신고해서 경찰이 출동했습니다."

"수고가 많으십니다. 성추행 신고가 접수되어 출동했습니다. 여기 책임자 되십니까?"

"네, 맞습니다. 제가 책임자입니다. 영업에 방해가 되어 이동하는 과정에서 단순한 접촉이 있었나 봅니다."

"혹시 저기 CCTV가 작동하고 있나요?"

"네, 맞습니다."

"그러면 저 CCTV를 확인하고 판단하겠습니다."

"네, 알겠습니다. 이쪽으로 오세요."

CCTV를 확인한 결과, 성추행은 인정되지 않았고, 출동한 경찰관은 서로 좋게 해결해달라는 말을 남기고 퇴장했다. 더 시끄러워지면 안 되겠다고 판단해서 상담 고객 증정용 판촉물을 세 개 정도 주면서 돌려보냈다.

나중에 알고 보니 일명 '경품 거지'라고 불리는 사람이었다. 여기저기 모델하우스를 다니면서 경품과 판촉물을 받고, 생떼를 쓴다는 것이다. 사실 노숙자까지는 아니지만, 옷에서 쾌쾌한 악취도 있어서 불쾌감을 주었다. 문제는 상대가 여성이라서 남성 경호 요원들이 그 여성의 행동을 저지하려다 사소한 접촉이 생기면 성추행으로 몰아가는 것이었다. 필자는 그 여성이 다음 날 또 올 수 있다고 판단해서 경호 팀장에게 여성 경호 요원을 즉시 추가 투입하도록 요청했다.

다음 날, 예상대로 그 여성은 다시 찾아왔고, 경품 응모함에 응모권을 넣는 것을 봤다. 이번에도 당첨이 안 되자 또 실랑이를 벌이려고 했지만, 이번에는 여성 경호 요원이 나서서 문제없이 잘 처리할 수 있었다.

일명 '경품 거지'가 아니라도 방문 고객 중에 여성 고객과 갈등이 생길 때는 여성 경호 요원이 큰 역할을 할 수 있어서 그 후로는 항상 여성 경호 요원을 최소한 한 명 이상 배치하게 되었다.

PART
05

미분양 판촉

01

2009~2011년
부산광역시 사례

분양률을 높이기 위해서는
계약금 정액제가 효과적이다

분양가가 인근 시세나 최근 분양단지의 분양가보다 비싸면 초기 분양률이 낮다. 가장 좋은 판촉은 분양가를 할인해서 인근 시세 수준으로 맞추는 것이다. 그러나 분양가를 인근 시세보다 비싸게 한 이유는 인근 시세 수준으로 분양가를 책정하면 사업성이 안 나오기 때문이다. 결국 분양가 할인이 아닌 다른 방법을 찾아야 한다. 중도금 무이자 또는 발코니 확장비 무상, 유상옵션 일부 무상 제공 등이 있지만 판촉 비용이 많이 든다. 가장 비용이 적게 들고 효과가 큰 방법은 계약금을 최소화해서 초기 부담을 낮춰주는 것이다.

분양계약을 할 때 계약금은 분양가의 10%다. 일반적으로 계약금 10%가 입금되어야 중도금대출도 가능하다. 물론 중도금대출 은행과 협의를 잘하면 계약금 5% 납입으로 중도금대출이 가능할 수 있다. 미분양 판촉 초기에 분양률을 효과적으로 높이기 위해서 계약자의 초기 부담을 낮추는 계약금 최소화 방법은 다양하다.

계약금 최소화 방법 중 가장 기본은 계약금 분납이다. 10% 계약금 중 일부를 1차 계약금으로 나머지를 2차 계약금으로 받는 방식이다. 1차 계약금은 통상 1,000만 원 정도 받지만, 지방의 분양가가 낮은 단지는 500만 원을 받기도 한다. 계약자가 2차 계약금을 납부하지 않았을 때 해약 및 위약금 문제가 발생한다. 너무 적은 돈을 1차 계약금으로 받았기 때문에 분양대행 수수료, MGM 등 판매 비용이 수납한 1차 계약금보다 많은 상황이 발생한다.

계약금 최소화 방법 중 중간 강도는 계약금 5%는 자납, 나머지 5%는 신용대출을 받을 수 있게 하거나 잔금으로 이월하는 방법이다. 5%를 신용대출로 받게 하면서 무이자를 적용하거나 잔금으로 이월하면 계약자는 계약금 5%만 있으면 준공·입주 때까지 추가 자금을 투입할 필요가 없다.

두 가지 방법이 모두 활용되는 이유는 몇 가지가 있다. 중도금대출기관과 계약금 10%를 수납해야 중도금대출이 가능하도록 협약이 되어 있으면 계약금 일부를 잔금으로 이월할 수 없다. 분양 대금 수납을 통해서 사업비를 조달하는데, 본 PF대출 금리가 계약금 5% 신용대출 금리보다 높으면 계약금 5%의 신용대출 이자를 시행사가 부담하더라도 본 PF대출 이자보다 저렴하므로 사업비 조달에 유리하다.

계약금 최소화 방법 중 가장 강력한 방법은 계약자 페이백이다. 이 방법은 고육지책이다. 분양률이 너무 낮아서 도저히 계약자를 발굴하기 어려울 때 활용한다. 주택시장 침체기에 오피스텔이나 미분양 판매 경쟁은 심한데 분양률이 너무 낮고, 시장이 언제 회복될지 모를 때 주로 활용한다. 계약자가 계약금을 납부하면 분양대행사를 통해서 계약자에게 페이백으로 그 금액을 돌려준다. 결국 계약자는 명의만 들어있는 계약서를 받고 본인의 투자금은 없다. 당장 투자 리스크가 없다. 이 방법을 활용하는 이유는 중도금대출을 실행하기 위함이다.

분양률이 50~60% 정도 되지 않으면 중도금대출 은행을 구하기 어렵다. 2금융권을 구할 수도 있지만, 금리가 높아서 중도금 무이자를 적용하면 이자 비용이 너무 많다. 계약금은 10%지만 중도금은 60%라서 계약금 10%를 받아서 모두 비용으로 소진하더라도 중도금 60%를 받을 수 있으므로 판촉을 활용한다.

이 방법을 활용했을 때 준공·입주 시점에 주택시장이 회복되고 시세가 상승하면 계약자는 전매, 입주, 임대 등 방법을 활용해서 잔금을 납부하고 소유권을 취득해서 문제가 발생하지 않는다. 그러나 주택시장이 회복되지 못하고 시세가 하락하거나 전세가가 떨어져서 수익성이 나오지 않는 상황이 되면 대량 해약이 발생할 가능성이 크다. 잔금은 미납 중이고 중도금대출 만기가 도래했는데 계약자가 대출을 상환하지 않으면 대출 은행은 시행사에 대위변제를 요청한다. 그러나 중도금으로 받은 돈은 공사비 등 사업비로 지출한 상태다. 중도금대출을 대위변제하면서 분양계약을 해약하고 재판매를 해야 하는데 대위변제할 자금이 없어서 결국 시행사는 파산하게 된다.

✅ 계약자의 초기 부담금을 낮추는 계약금 최소화 판촉은 적은 판촉 비용으로 분양률을 높일 수 있는 효과적인 방법이다. 계약금 분납이나 계약금 일부 신용대출 또는 잔금 이월은 리스크가 적어서 괜찮다. 그러나 계약금 전액을 페이백하면 계약자는 자납금이 없는 문제가 있다. 주택시장이 회복되지 않으면 시행사가 파산할 수 있는 리스크가 큰 판촉이다. 따라서 신중하게 검토해야 한다.

CASE
53

능력이 뛰어난 상담사 다섯 명이 있으면
상담사 스무 명 안 부럽다

2009~2010년 부산광역시 사상구의 재건축 사업장을 담당할 때의 일이다. 금융위기 여파로 부산의 아파트 분양시장은 입지에 따라 차이가 있었지만 사상구는 계약금 500만 원 정액제, 중도금 무이자, 확장비 무상이 기본 판매 조건이었다. 그 조건에도 미분양 판매는 쉽지 않았다. 이 시기에는 아파트 미분양 판매에 조직 분양이 본격적으로 도입되기 전이다.

그래서 미분양 물량이 많아도 데스크 판매를 진행할 수밖에 없었다. 그렇다 보니 상담사가 초기 오픈팀과 미분양 판매팀으로 구분되어 있었다. 초기 오픈팀은 청약 자격 등을 안내하고 상담하고 선착순 일정에 빠지고, 미분양 판매(일명 꺾기)팀이 미분양 실적을 올리는 방식이었다. 기본급+세대당 인센티브 방식으로 동기부여를 하는데, 개인별 실력 차이가 심해서 미분양 판매 실적이 우수한 상담사는 서로 모셔가기 위해 경쟁이 치열했다.

"사장님, 이번에도 한 과장님이 실적이 제일 좋네요. 특별한 비결이 있나요?"

"네, 소장님. 한 과장님이 항상 실적이 좋습니다. 옆에서 보니까 상담 노하우가 있습니다. 고객 상담이 시작되면 상품 설명부터 하지 않고, 먼저 공감대를 형성합니다. 고객의 연령대에 따라서 자녀 교육이나 취미 생활 등 다양한 주제로 대화하면서 관심사를 파악합니다. 먼저 친근감을 형성한 후 재방문을 유도하고, 재방문 때 본격적으로 상품 설명에 들어갑니다. 아무래도 친근감이 생기고 나서는 고객의 경계심이 줄어들어서 상품 설명에 집중을 잘하는 것 같습니다."

"네, 역시 노하우가 있네요. 성공한 영업 고수들이 쓴 도서에도 유사한 내용이 있던데, 역시 특별한 비결이 있었군요."

"그런 방식이 체화되어 자신만의 스타일로 형성되어야 하는데 옆에서 본다고 해서 쉽게 따라 하기는 어려운 것 같습니다. 전체적으로 자연스러워야 하는데 그냥 흉내만 낸다고 해서 효과가 있는 게 아니라서요."

"네, 맞습니다. 쉽게 따라서 할 수 있으면 노하우가 아니겠죠. 어쨌든 능력이 있는 상담사분들 이탈하지 않도록 인센티브 지급하시고 유대관계 잘하시면 되겠습니다."

"네, 맞습니다. 상담사분들이 프리랜서라서 급여 조건이 중요하지만, 분양대행사와 상담사의 유대감도 중요합니다. 함께 일하면서 갈등이 생기거나 소통이 되지 않으면 급여가 높아도 선호하지 않는 대행사가 됩니다."

소수의 능력 있는 상담사들로 실적을 올리면서 효율적으로 인력을 운용했다. 아무리 광고를 많이 해도 미분양 단지는 이미 관심도가 떨어졌기 때문에 방문 고객이 한정적이다. 한정적인 방문 고객을 계약으로 이어지게 하려면 능력치가 높은 소수 정예 상담사가 오히려 좋을 수도 있다.

> ☑ 데스크 분양 방식에서는 방문 고객을 대상으로 판매해야 하므로, 결국 판매 실적을 올릴 수 있는 능력이 뛰어난 상담사가 중요하다. 상담사의 양적인 인원보다 질적인 능력치를 더 주목해야 한다. 적극적으로 본인이 가지고 있는 고객 DB를 활용해서 영업하는 방식이 아니기 때문이다.

신규 분양과 미분양 판매의
셀링포인트는 다를 수 있다

 부산광역시 사하구 재건축 사업장을 담당할 때의 일이다. 사하구 지역이 부산광역시 내에서 선호도가 높은 지역이 아니고, 재건축 사업이라서 일반 분양 세대는 저층 위주였다. 초기 분양에서는 관심을 유도하고 붐업을 조성하기 위해서 주된 셀링포인트를 바다 조망으로 했다. 조망이 안 되는 세대도 있었지만, 당장 단지를 이슈화하고 청약률을 높이기 위해 불가피한 선택이었다. 그러나 분양률 50%를 넘기고 나니 바다 조망 세대는 모두 분양이 끝났고, 조망이 안 나오는 세대만 남았다. 바다 조망 홍보를 보고 찾아온 고객은 모두 바다 조망 세대만 원했고, 비조망 세대로 계약을 유도하기가 어려운 상황이었다. 결국 주된 셀링포인트에서 바다 조망을 삭제하고, 브랜드 신축 아파트를 강조하는 홍보로 전환했다.

 "본부장님, 남은 세대가 바다 조망이 안 되는 40평대와 30평대 후반 저층 세대만 남았습니다. 그동안 바다 조망을 너무 강조해서 오히려 미분양 판매에 방해가 되지 않나요?"

"소장님, 맞습니다. 바다 조망 세대 문의는 계속 있는데, 계약할 수 있는 동호수가 없다고 하면 다른 세대로 유도가 어렵습니다. 아무래도 이제는 바다 조망을 셀링포인트에서 제외하는 게 좋겠습니다."

"네, 그렇게 합시다. 모델하우스 세대 거실에서 밖으로 보면 바다가 보이도록 한 바다 조망 실사 시트는 철거하고, 새로 리플렛을 제작하면서 바다 조망 문구는 아예 삭제하도록 하겠습니다."

"네, 이제는 브랜드 신축 아파트를 주된 셀링포인트로 하겠습니다. 수요 발굴도 최근에 40평대 공급이 부족해서 이주 수요를 중심으로 수요를 발굴하는 전략으로 수정하겠습니다."

"네, 그렇게 하는 게 좋겠습니다. 서둘러서 진행하시죠."

분양 판매 전략을 수정한 후 3개월 내 미분양 세대를 모두 소진할 수 있었다. 적절한 시기에 셀링포인트를 변경하고, 한정된 방문 고객들을 한 명, 한 명 정성껏 상담하면서 설득한 노력의 결실이었다. 어느 도시에도 주거 선호도가 높지 않은 지역의 미분양 판매는 어렵다. 그러나 어떤 판촉을 통해 분양을 완료할 수 있을지 끊임없는 고민과 분석을 한다면 분양 완료 시점을 앞당길 수 있다.

✅ 셀링포인트는 말 그대로 판매에 도움이 되는 중요한 강점이다. 단지 전체에 적용되는 셀링포인트가 아니라서 미분양 세대는 해당이 없는 강점이라면 과감히 포기하고 변경해서 판촉을 진행해야 한다. 그런 대표적인 셀링포인트가 조망이다. 바다 조망, 호수 조망, 공원 조망, 골프장 조망 등은 전체 세대에서 조망이 나오기는 어렵다. 저층이나 향이 다른 동은 조망이 나오지 않는다. 미분양 판촉 시 셀링포인트로 유지할지 뺄지 신중하게 고민해야 한다. 현대 경영학 창시자인 피터 드러커가 말한 "어제의 성공 요인이 오늘의 실패 요인이다"라는 말을 기억하자.

02

2013~2020년
경기도 사례

화성시와 용인시 미분양 현장에서 조직 분양 영업을 진행할 때의 일이다. 미분양 물량을 소진하기 위해서는 한 번의 판촉으로는 어렵다. 추가 판촉이 필요하게 되는데 추가 판촉 방법은 크게 두 가지가 있다. 첫째, 계약자 혜택 추가 제공, 둘째, 조직 분양 수수료를 인상하는 방법이다. 조직 분양 수수료를 인상하는 이유는 판매가 쉬운 남향, 고층 세대 등은 계약이 끝나서 잔여 세대가 저층 또는 동향, 서향, 북향 세대일 경우 판매를 위한 촉진책이 필요하기 때문이다.

분양률에 따른 수수료
차등 적용이 기본이다

조직 분양 영업을 하면 초기에는 실적이 잘 나오다가 한두 달 지나면 실적이 줄어든다. 이런 경우, 동기부여가 필요한데, 이때 추가 판촉을 검토하면 시행사 협의, 본사 품의 결재 등으로 시간이 걸려서 적절한 시기에 판촉을 시행하기 어렵다. 그 사이 조직팀은 이탈하고 모델하우스는 썰렁해진다. 이런 공백을 방지하기 위해서 처음부터 분양률에 따른 수수료 차등 적용을 시행한다. 일반적으로 미분양 세대는 고층부터 저층 순으로, 남향에서 동향이나 서향 순으로 판매가 진행되기 때문이다.

"본부장님, 조직원들이 이탈하는 것 같아요. 출근 인원이 많이 줄었습니다. 팀 자체가 이탈하는 팀도 있죠?"
"네, 소장님. 맞습니다. 경쟁 단지에서 이번에 조직 수수료를 인상했습니다. 그 여파로 저희를 포함해서 인근 현장의 조직 팀들이 그쪽 현장으로 이탈하고 있습니다. 아무래도 기존에 확보하고 있던 고객 DB도 상당 부분 소진해서 추가로 수요를 발굴하기 어렵고, 분양률도 어느 정도 올라오다 보니 미분양이 더 많고 수수료 조건이 더 좋은 현장으로 이탈하고 있습니다."

"네, 그렇네요. 우리 현장의 수수료 체계가 3단계로 나뉘어 있죠?"

"네, 맞습니다. 누적 분양률 30% 이하 500만 원, 30% 초과 70% 이하 700만 원, 70% 초과 100%까지 900만 원입니다."

"현재 분양률이 약 69%니까, 15세대 팔면 3단계 구간으로 넘어갈 수 있네요. 수수료 인상이 얼마 남지 않았으니 조직원 추가 이탈 방지에 힘써주세요."

"네, 소장님 알겠습니다. 빨리 15세대 팔아서 다시 화이팅할 수 있도록 노력하겠습니다."

"추가로 지원할 사항은 없나요?"

"최근 워킹 손님이 줄었습니다. 광고 홍보 강화가 필요합니다."

"알겠습니다. 이번에 배너 광고랑 퍼블리시티 등 온라인 홍보를 좀 더 강화해서 워킹 손님을 늘리도록 지원하겠습니다."

"감사합니다."

✅ 판매 순서는 항상 정해져 있다. 미분양은 판매가 어려운 동호수만 남는다. 그때 조직 수수료 인상 또는 계약자 혜택을 제공하는 분양 판촉을 시행해야 한다. 판촉 적용 시기는 늦으면 효과가 반감하기 때문에, 조직 수수료는 처음부터 분양률에 따른 차등 지급을 세팅하는 것이 효과적이다. 계약자 혜택도 사전에 단계별로 준비해도 좋다. 특히, 분양률 70~80% 정도가 되었을 때 월별 실적이 감소하고 분양 완료 시점이 늘어질 수 있으므로, 분양 완료를 위한 마지막 판촉도 미리 준비할 필요가 있다.

CASE
56

미분양 세대의 등급별 수수료 차등 적용은 신중해야 한다

현재 분양률이 너무 낮은데 미분양 판매 중인 경쟁 단지가 많아서 수요 선점을 통해 미분양 세대를 빠르게 소진해야 할 상황에서는 분양 난이도에 따라 A, B, C등급으로 나누거나 평형별로 나누어 수수료를 차등 적용하는 방법이 있다. 조직 분양 초기부터 A, B, C등급으로 분류해서 수수료 차등을 적용하면 분양 실적이 빠르게 올라오는 장점도 있지만, 조직 분양 영업팀들은 각자 개성에 따라 판매를 진행하기 때문에 분양 난이도가 쉬운 세대에 집중하는 팀, 수수료가 높은 세대를 집중적으로 공략하는 팀이 혼재해서 동호수 표를 보면 계약이 중구난방으로 진행된다.

인근 미분양 물량이 많아서 당장 실적경쟁이 심할 때 주로 적용하는 판촉인 만큼 추가 판촉도 빠르게 검토해야 하는데, 추가 판촉을 조직 수수료 인상이 아닌 계약자 혜택으로 검토할 경우는 미분양 세대 중간에 기계약 세대가 있어서 기계약 세대 일부도 추가 판촉을 소급 적용해야 하고, 이에 따라 추가 비용이 발생한다. 결국 추가 판촉은 수수료 인상으로 선택지가 제한될 수 있다.

"소장님, 드디어 오늘 분양률 50%를 넘겼습니다. 이제 한숨을 돌려도 되겠습니다. 경쟁 단지는 모두 전용 85㎡ 이하 평형인데, 우리는 전용 85㎡ 초과 평형이라서 힘든 경쟁이었는데 고생한 만큼 실적이 나와서 다행입니다."

"네, 본부장님, 다행입니다. 미분양 단지가 많아서 경쟁이 너무 치열한 상황인데 선방했습니다. 앞으로 속도가 떨어질 텐데, 그게 걱정입니다."

"네, 아무래도 동기부여가 필요하긴 합니다. 수수료 인상이나 계약자 혜택이 있으면 좋겠습니다."

"동호수 표를 보면 A, B, C 등급별로 계약이 중구난방입니다. 복수의 본부를 운영 중이고 20개 정도 팀이 있으니 어쩔 수 없긴 하지만 동별, 층별, 향별 판촉을 검토하기가 쉽지 않습니다."

"네, 그런 점은 있습니다. 당장 50% 달성에 집중하다 보니 찬물, 더운물 가릴 상황이 아니었습니다."

"좋습니다. 이제 분양률이 50%가 넘었으니, 지금부터는 기계약 세대 동호수를 참고해서 조직팀에 동호수를 풀어야겠습니다. 나중에 판촉이 필요할 때 소급 적용 대상을 최소화해야 합니다. 중간중간에 비어 있는 동호수가 먼저 계약되도록 힘써주세요."

"네, 알겠습니다. 그렇게 하겠습니다."

"중간에 비어 있는 동호수가 없어야 나머지 저층 동호수만 추가 판촉할 수 있습니다. 위층 동호수 소급 적용 민원에 대응할 수 있어야 하니까요. 잘 알고 계시죠?"

"네, 그럼요. 잘 알고 있습니다. 이제는 계약 하나 더 쓰는 것도 중요하지만 다음 판촉을 위해서 위에서부터 채워나가도록 하겠습니다."

"네, 그렇게 사전에 준비해놔야 추가 판촉에서 최소 비용으로 최대 효과를 기대할 수 있습니다. 수수료 차이 때문에 등급별 경계에 있는 동호수부터 계약이 진행된 건 어쩔 수 없지만, 이제부터라도 동호수 정리를 해야 합니다."

☑ 분양 난이도에 따라 그룹을 나누거나 평형별로 수수료를 차등 적용하면 판매 순서가 수수료의 영향을 받는다. 경쟁 단지의 미분양 물량이 많아서 수요 경쟁이 치열한데, 현재 분양률이 20% 미만이거나 입지나 분양가 경쟁력이 열위인 극단적인 상황이 아니면 신중해야 한다. 추가 판촉할 때 중간에 비어 있는 동호수에 판촉 조건을 소급 적용해야 하는 문제가 생기면, 판매 비용이 추가로 발생할 수밖에 없기 때문이다.

여성 고객의 마음을 사로잡을 수 있는
계약자 혜택을 도입하고 변화를 줘야 한다

과거에는 큰 비용 지출이나 투자는 경제력을 책임지는 남성을 중심으로 의사결정하고, 작은 비용과 정기적인 지출은 가사와 육아를 책임지는 여성을 중심으로 구분되었다. 그러나 지금은 경제력, 의사결정, 가사, 육아 모두 공동으로 분담한다. 오히려 중요한 지출과 투자 의사 결정에서 여성의 의견이 더 강해졌다.

초기 분양률이 낮은 현장에서 계약자 혜택으로 계약자 선물을 도입한 적이 있다. 조직 분양 수수료를 인상하거나 계약자에게 추가 혜택을 주기는 어려운 상황이었기에 고민하다가 차선책을 마련한 것이다. 처음에 계약자 선물은 명품 가방과 LED TV 중 한 가지를 선택할 수 있게 했다. 명품 가방은 여성 고객들이 관심을 많이 갖는 품목이므로 필수이고, TV는 남성 고객들이 관심을 많이 갖는 품목이라서 둘 중에 선택할 수 있게 했다. 반응은 좋았다. 계약금만 입금하면 원하는 선물을 '득템'

할 수 있기 때문이다. 모델하우스 한쪽에 전시도 해놨기에 견물생심(見物生心)이라고, 고객은 상담받으면서 선물을 의식하게 된다. '한번 구경이라도 해볼까?' 하는 마음이 들기 마련이다. 적은 비용으로 실적을 올릴 수 있었다.

그러나 모든 판촉이 그렇듯 시간이 지날수록 월별 분양 실적은 줄어들고 조직팀 이탈도 일어나고 있었다. 고민 끝에 계약자 선물에 변화를 주기로 했다. 명품 가방도 제품 종류를 더 늘려서 모델하우스에 전시하고, LED TV는 그대로 유지했다. 다행히 선물의 변화만으로도 어느 정도 실적 감소를 보완할 수 있었다.

어느덧 겨울이 되었다. 겨울인 계절을 고려해서 밍크코트를 계약자 선물 선택지에 추가했다. 필자는 직접 진도모피 대표번호로 전화해서 담당자를 찾아서 협의했고, 밍크코트(조각 모피)를 판매가 대비 30~40% 할인된 금액으로 납품 계약할 수 있었다. 진도모피의 협조로 밍크코트를 고객이 직접 입어볼 수 있도록 모델하우스에 전시했다. 옷걸이에 세 가지 디자인을 치수별로 총 6벌을 비치했다. 날씨가 추운 날이면 모피를 입어보는 손님이 부쩍 늘었고, 상담받는 여성 고객의 눈길을 사로잡았다. 밍크코트는 '내돈내산'하기 쉽지 않은 품목이라서 효과가 더 컸던 것 같다. 이제 선물의 선택지는 3개가 되었다. 명품 가방, LED TV, 밍크코트다.

"본부장님, 이번에 추가한 밍크코트 반응은 어떤가요?"
"네, 소장님. 추운 날씨에 특히 반응이 좋습니다. 다른 손님이 입어보고 있으면 상담받는 여성 고객들이 자연스럽게 쳐다봅니다. 팀원들이 관심을 보이는 고객들은 어느 정도 상담하다가 계약 가능성이 보이면 일단 밍크코트 한번 입어보시라고 권유합니다. 아무래도 고객님 기분도 좋아져서 계약으로 연결되는 확률이 높아지는 것 같습니다."

"다행입니다. 추가 혜택을 제공할 수 없으니 계약자 선물로 명품 가방 또는 밍크코트를 받을 수 있다는 내용의 홍보를 강화하겠습니다. 겨울에 분양 실적을 최대한 높여야겠습니다."

"네, 알겠습니다. 기존에는 부부가 상담받고 계약서 작성하면서 남편이 LED TV를 선택하면 사모님이 불편한 표정으로 나가셨습니다. 결국 다음 날 다시 연락이 와서 명품 가방으로 변경하는 경우가 많았습니다. 집에 가서 부부간에 다투다가 결국은 명품 가방으로 결론을 내는 것 같았습니다. 그런데 밍크코트는 처음부터 선택하는 경우가 많습니다. 아무래도 남편도 선물하기 쉽지 않은 밍크코트를 선물한다는 생각으로 반대하지 않는 것 같습니다."

"명품 가방은 한두 개씩은 가지고 있는 여성분들이 많은데, 밍크코트는 입고 다니는 분들이 별로 없으니까 아무래도 차별성이 있겠죠?"

"맞습니다. 선물은 받는 사람이 기분이 좋아야 하고, 나한테 없는데 내 돈 주고 사기는 망설여지는 사치품 종류가 효과가 좋은 것 같습니다."

"이번 겨울에는 밍크코트가 효과가 있었는데, 내년 봄에는 어떤 품목이 좋을지 벌써 고민이 되네요."

"이번 겨울에 100% 분양 완료해서 그런 고민하실 필요가 없도록 해보겠습니다."

"오, 듣던 중 반가운 말이네요. 그렇게만 된다면 얼마나 좋겠습니까? 지원할 사항 있으면 언제든지 이야기해주세요."

"네, 알겠습니다."

✅ 계약자 선물도 여성 고객의 관심을 끌 수 있는 품목을 선택해야 효과가 좋다. 특히 요즘의 주택 매수 결정권은 여성에게 있으니, 여성의 마음을 공략해야 한다. 여성 고객이 좋아할 명품 가방이나 갖고 싶지만, 선뜻 구매하기 어려운 밍크코트 같은 품목 말이다. '내돈내산'하기에 부담스러운 품목을 공짜로 득템하면 기분이 더 좋고, 주변 사람들에게 과시하고 싶은 심리가 생긴다는 점을 알아야 한다. 또한, 밍크코트처럼 수요가 적은 품목일수록 대량 구매할 때 협의를 잘하면 할인 혜택을 많이 받을 수 있다. 단, 필자의 경험상 지방보다는 수도권에서 더 효과가 있었고, 고분양가로 가격저항감이 큰 단지에서는 효과가 없었다.

CASE
58

적절한 프레임을 만들어서
고객이 계약할 수밖에 없도록
만들어야 한다

프레임이론은 캘리포니아대학 언어학과 교수이자 언어 인지학자인 조지 레이코프(George Lakoff, George P. Lakoff)가 그의 저서 《코끼리는 생각하지 마(Don't Think of an Elephant)》에서 프레임이론을 설명하면서 널리 알려졌다.

프레임이란, 현대인들이 정치적·사회적 의제를 인식하는 과정에서 본질의 의미, 사건과 사실의 관계를 정하는 직관적인 '인식의 틀'을 말한다. 먼저 어떤 프레임을 짜놓은 사람이 그 프레임 안으로 사람들의 생각을 가두면 사람들은 프레임 안에서만 움직이게 된다. 비행기에서 제공하는 '차' 서비스에서 승무원이 "커피와 홍차 중에 어떤 것을 드릴까요?"라고 물으면 보통 둘 중 하나를 선택한다. 둘 다 선택하거나 모두 선택하지 않을 수도 있고, 주스처럼 다른 것을 선택할 수도 있지만, 제시한 두 가지의 선택지에서 선택해야 할 것 같은 압박을 받는다.

모델하우스에서 적절한 프레임을 계약자 선물로 설명하겠다. 모델하우스에 처음 방문하는 고객이 오늘 꼭 계약하겠다고 마음먹고 오는 사람은 거의 없다. 단순한 관심 또는 호기심이 있거나 가격이나 상품을 보고 마음에 들면 계약하겠다는 마음을 가지고 방문하는 사람이 대부분이다.

여기서 2단계 프레임을 진행하면서 계약 실적을 올릴 수 있다. 먼저, 희망하는 동, 층, 향을 고려해서 동호수를 추천한다. 추천할 때는 엄선해서 두 가지만 제시한다. 절대로 많은 선택지를 제시하면 결정하지 못한다. 고객은 처음 방문할 때는 계약체결 여부에 대한 선택 상황이었다. 그런데 동호수를 제시받으면서 동호수 둘 중에 선택하는 프레임 속에 들어왔다. 상담직원의 역량이 발휘되어야 할 시점이다. 동호수 선택은 약한 프레임이라서 고객은 동호수가 모두 마음에 들지 않으면 계약하지 않는다. 고객에게 충분히 설명해서 관심도가 어느 정도 올라가면 2단계 프레임으로 이동해야 한다. 계약자 선물이다.

"고객님, 계약하시면 선물을 드립니다. 명품 가방과 LED TV, 밍크코트 세 가지 중에 고르시면 됩니다."

"가방은 종류가 이것밖에 없나요?"

"가방 전시 품목은 세 가지입니다. 그런데 교환권이 증정되기 때문에 백화점 매장에 방문하셔서 다른 제품으로 교환도 가능합니다. 환불은 안 됩니다. 오늘따라 날씨가 추운데 밍크코트는 어떠세요? 입어보셔도 됩니다. 디자인도 세 가지가 준비되어 있으니 모두 입어보세요. 여기 전신거울로 잘 어울리는지 확인하실 수 있습니다."

"그럴까요? 밍크코트 디자인은 이게 제일 낫네요."

"고객님, 명품 가방, 밍크코트에 관심이 있으신 것 같은데 어떤 걸로 하시겠어요? 결정하셨나요? 계약금 입금 완료하시고 배송요청서 작성하시면 해당 업체에서 연락이 갑니다. 제품은 한 달 내에 받으실 수 있습니다."

"그래요? 선물 변경도 되나요?"

"만약 명품 가방 A모델 제품을 선택하셨는데 B모델 제품으로 변경하실 경우는 백화점 담당자에게 말씀하시면 되고, 밍크코트로 변경하실 때는 저희한테 말씀하셔야 합니다. 명품 가방을 취소하고 밍크코트로 다시 신청해야 합니다. 제품을 배송받으신 후에는 변경이 안 됩니다."

"여보, 난 가방이 마음에 드는데 이걸로 선택해도 되지?"

"그래, 자기한테 잘 어울려. 근데 우리 집에 TV 너무 오래되었는데, 그것도 바꿀 때가 되긴 했지?"

"그래서? TV로 하자는 말이야?"

"아니, 그냥 그렇다는 말이야. 가방으로 하자."

"부부가 오시면 남편분이 부인께 가방 선물하시는 걸로 하시는 분들이 많습니다."

"네, 가방으로 할게요. A모델이 제일 비싸죠?"

"네, 맞습니다. 큰 차이는 아니지만, A모델이 제일 비쌉니다."

"매장 가서 더 비싼 제품으로 바꿔야지. 히히."

"네, 그렇게 하시는 분이 많습니다. 신상품이나 개인 취향에 맞는 제품으로 교환하실 수 있습니다."

부부 고객은 방문 당시 '계약을 할까? 말까?' 고민하는 상황이었다. 그런데 동호수 선택을 제시받으면서 동호수 선택 상황이 되었고, 다음에는 선물을 선택하는 상황으로 바뀌었다. '계약할까? 말까?'를 고민하는 것이 아니라 '어떤 선물이 더 좋을까?'로 고민하는 주제가 변경되었다. 이 단계까지 진행되면 계약이 성사될 확률도 매우 높아진다. 제품 실물을 구경하고 입어보면 소유욕이 커진다. 더구나 공짜로 얻는 선물 득템이다. 당일에 계약하지 않고 귀가하더라도 문득 선물이 떠올라서 며칠 내로 재방문하고 계약하는 고객도 많다. 고객이 계약할 때는 선물을 받을 생각에 기분이 좋아진다. 결국 내가 계약하기로 한 선택은 합리적인 판단이고, 적절한 투자라고 자기 합리화를 하기 마련이다. 고객은 일석이조(一石二鳥)의 행복감을 가지고 모델하우스를 나간다.

> ✅ 적절한 프레임을 단계별로 활용하면 실적을 높일 수 있다. 사기를 치라는 말이 아니다. 고객이 계약할지, 말지 의사결정에 너무 매몰되지 않도록 화제를 전환하라는 말이다. 결정장애가 있는 고객은 고민이 길어지면 보통 선택을 포기할 확률이 높다. 계약자 선물도 한 가지가 아니라 두 가지로 준비해서 선물 선택의 프레임을 만들어야 한다.

탑상형, 북향 세대도 마지막에는 팔리지만, 그 시기를 앞당기는 것이 분양소장의 역할이다

한 동이 8호 조합으로 구성되어 동향, 서향, 남향, 북향이 모두 있는 주상복합 단지를 판매할 때의 일이다. 일반적으로 아파트는 판상형, 남향의 선호도가 높다. 그래서 정남향 대신 남동향, 남서향으로 구성해서 남향 위주 배치를 강조한다. 그런데 필자가 담당하게 된 주상복합 아파트는 탑상형(타워형)에 향까지 동서남북이 모두 있었다. 분양하기 어려운 컨디션이다. 게다가 인근에 아파트 단지가 없고, 단독주택 밀집 지역이라서 나홀로 아파트 이미지도 강했다. 역시나 분양개시 후 1년 6개월이 지났는데 분양률이 50% 미만이었다. 조직 분양 영업팀도 고전하고 있었다.

"본부장님, 어려운 상황에서 고군분투하느라 고생이 많습니다. 본부장님이 보시기에 분양 실적이 잘 안 나오는 이유가 뭘까요?"

"네, 소장님, 일단 조직팀의 사기가 저하되어 있습니다. 사기를 북돋

아 줄 필요가 있습니다. 수수료 지급 시기를 빠르게 해주시면 좋겠습니다."

"알겠습니다. 유관부서에 협조 요청해서 수수료 지급을 월 1회에서 월 2회로 진행하겠습니다. 이 정도면 조직팀의 사기진작에 도움이 되겠죠? 수요 발굴 측면에서 기존 계약자의 특성은 어떤가요?"

"네, 맞습니다. 감사합니다. 조직팀 사기를 높이고, 이탈 방지에 도움이 되겠습니다. 남향 위주의 초기 계약자와 달리 최근 계약자는 주로 인근 단독주택에 거주하는 분들이 많습니다. 아파트 거주자는 아무래도 남향이 아니면 꺼리는 경향이 있습니다."

"그러면 단독주택에만 살아보고 아파트에 살아본 적은 없는 분들인가요?"

"네, 그런 분들이 많습니다. 생애 최초 주택 구입자도 많습니다."

"그러면 수요 타깃을 단독주택 거주자와 생애 최초 주택 구입자로 설정하고 집중하기로 하시죠. 단독주택 거주자에게는 단독주택 대비 아파트의 장점을 강조하고, 동향이나 서향이지만 남향보다 분양가가 저렴해서 가격 부담이 낮다는 점을 강조하면 좋겠습니다. 생애 최초 주택 구입자는 정책자금대출에 관한 안내를 하면서 이번 기회에 내 집 마련하는 것이 유리하다는 점을 강조하면 좋겠습니다. 대출 상담사를 섭외해서 모델하우스에서 상담할 수 있도록 하는 게 좋겠습니다."

"네, 알겠습니다. 그렇게 진행하겠습니다."

사업지 인근 단독주택 거주자와 생애 최초 주택 구입자를 대상으로 집중 홍보와 영업을 하고, 조직 분양팀에 조기에 수수료 지급을 한 덕분에 목표인 9개월보다 5개월 앞당겨서 4개월 만에 분양을 완료할 수 있었다.

✅ 주택 분양에서 가장 중요한 3요소는 입지, 가격, 상품이다. 때로는 입지도 열위이고 가격도 비싸며, 상품도 선호도가 낮은 단지를 팔아야 한다. 고층이 다 팔리면 저층이 팔리듯이 우선순위에서 밀리지만 열위 세대도 결국은 팔린다. 분양소장의 역할은 그 시기를 앞당기기 위한 노력을 하고 성과를 내는 것이다. 탑상형, 북향도 마지막에는 팔리지만, 판매 속도가 너무 떨어지지 않도록 적기에 판촉을 시행하고 타깃 수요를 계약으로 유도하는 영업력이 중요하다.

CASE
60

미분양 판매를 위해 청약홈의
임의 공급을 활용할 수 있다

청약 신청, 정당 당첨자 계약, 예비 입주자 계약, 무순위 계약까지 진행하면 그 후에는 수의 계약으로 진행할 수 있다. 일반적으로 선착순 계약이라고 한다. 사전 영업, 본 영업을 통해 관심 고객을 충분히 확보했다면, 선착순 계약 때 분양률을 크게 높일 수 있다. 그러나 선착순 계약을 했는데도 미분양이 많이 남았다면 그다음 대책이 필요하다.

인근 지역의 미분양 판매 경쟁 단지가 많다면 빨리 조건을 변경하고, 조직 분양 영업을 시행하는 것이 좋다. 치열한 미분양 판매 경쟁 속에서 실적을 내야 하므로 하루빨리 조직 분양 영업으로 전환할 필요가 있다. 판촉 조건 변경과 조직 분양 영업 시행은 빠른 실적을 달성할 수 있지만, 비용이 많이 발생한다는 단점이 있다.

또 다른 방법으로 임의 공급을 활용하는 방법이 있다. 무순위 청약과 달리 임의 공급은 사업 주체의 선택사항이다. 단지 규모가 작아서 미분양 판매에 활용할 광고 홍보비용이 부족한 단지나 조직 분양 영업 투입 전에 데스크 영업으로 분양률을 더 높일 수 있다고 판단되는 단지에서 주로 활용하면 효과적이다. 또한, 지역 주택 조합사업 또는 가로주택정비 사업, 소규모 재건축 사업과 같이 단지 규모가 작고 일반 분양 세대수도 적은 단지에서도 임의 공급을 적극적으로 활용하고 있다.

서울시 동작구 상도 푸르지오 클라베뉴는 임의 공급 8회, 서울 금천구 신독산 솔리힐 뉴포레(동진빌라 가로주택정비 사업)는 추가 모집 6회, 임의공급 3회, 할인 공급 등을 반복했고, 청주시 흥덕 칸타빌 더뉴(청주흥덕 지역주택조합)는 임의 공급 7회, 인천시 미추홀구의 포레나 인천 학익(학익4 주택재개발사업)은 임의 공급 6회, 평택시의 포레나 평택 화양은 임의 공급 5회를 진행했다. 서울도 예외가 아니다.

임의 공급은 광고 홍보비용을 지출하지 않고 입주자 모집을 할 수 있다는 장점이 있지만, 청약 신청이 마감되더라도 계약으로 이어지는 비율이 낮다는 단점도 있다. 청약통장도 필요 없고, 재당첨 제한 등 청약 당첨자가 분양계약을 하지 않더라도 패널티가 없으므로 '묻지마 청약'이 많이 이루어진다. 청약 경쟁률이 높게 나와도 미계약분이 생기므로, 결국 반복해서 임의 공급을 하게 되고, 그 효과는 반감되어 단기간에 분양이 완료되지 않고 일부 세대가 남아서 장기 미분양으로 늘어질 수 있다.

✅ 미분양 판매를 위한 대책으로 조직 분양 영업이 일반적이지만, 소규모 단지 또는 예산이 부족한 단지에서는 임의 공급을 활용해서 분양률을 높일 수 있다. 임의 공급에서는 '묻지마 청약'으로 청약은 마감되더라도 계약으로 이어지지 않는 비율이 높아 임의 공급을 여러 번 반복해야 하는 경우가 많으므로 너무 큰 기대를 하지는 말자. 조직 분양 영업으로 빠르게 전환하는 것과 임의 공급을 통해 분양률을 최대한 높이는 것 중에 어떤 것이 더 유리한지는 단지별로 다를 수 있다.

CASE
61

방문 상담 고객을 대상으로
정계약이 안 되면
가계약이라도 써야 한다

백화점 방문객은 사람마다 생각과 태도가 다르다. 오늘 꼭 정장과 외투를 사야겠다고 마음먹고 방문하는 사람도 있고, 신상품이 뭐가 나왔는지 보고 마음에 드는 물건이 있으면 사야겠다고 생각하고 방문하는 사람이 있다. 또는 심심해서 구경이나 하러 방문하는 사람도 있다. 모델하우스도 비슷하다. 오늘 아파트를 계약하려고 마음먹고 방문하는 고객은 거의 없다. 단지에 관해 관심을 가지고 방문하지만, 분양가나 입지, 상품, 브랜드 등이 계약할 정도로 매력이 있어야 계약한다.

처음 방문한 고객이 당일에 바로 정계약하면 제일 좋다. 실제로 영업력이 뛰어난 영업직원은 처음 방문 고객을 대상으로 실적을 올리기도 한다. 그러나 쉽지 않으므로 처음 방문에는 가계약을 하고, 재방문 때 정계약으로 전환하는 방법이 일반적이다. 재방문에도 안 되면 추가 방문을 통해서 계약을 시도하지만, 재방문 때 설득이 되지 않으면 성공

확률은 급격히 떨어진다. 여러 번 방문 상담해도 계약할 매력을 느끼지 못했다는 뜻이다.

가계약을 위해서는 가계약금 입금, 정계약을 위해서는 계약금 입금이 필요하다. 금액이 적을수록 유리한데, 가계약금은 100만 원, 정계약금은 500~1,000만 원 정도가 좋다. 집에 가서 입금하겠다고 하는 고객 중 절반 이상은 입금하지 않는다. 그래서 모바일 뱅킹 등으로 모델하우스에서 영업직원이 보는 앞에서 입금하도록 유도해야 한다. 집에 가서 입금하겠다고 말하는 자체가 아직 확실하게 꺾지 못한 것이다. 모델하우스에서 나가면 마음이 변하기 쉽다.

그래서 모델하우스에 ATM기를 설치해서 바로 출금할 수 있게 한 적도 있었다. 요즘은 스마트폰으로 모바일뱅킹을 하므로 ATM기는 설치하지 않는다. 대신 카드 단말기를 준비한다. 시행사나 분양대행사에서 카드 가맹 신청을 해서 고객이 카드 결제할 수 있게 하는 방식이다. 카드 결제는 입금보다 저항감이 적다는 장점이 있다. 한 달 후에 카드 대금으로 계좌에서 빠져나가기 때문에 조삼모사(朝三暮四)지만, 실적을 올리는 점에서는 효과가 있다. 그러나 카드사 결제수수료가 발생한다는 단점이 있다. 카드사별로 수수료율이 조금씩 차이가 있지만 2~3% 수준이고, 그만큼 추가 비용이 발생한다. 오히려 가계약 해제를 할 때는 카드상 결제금액 승인 취소를 하면 되므로 간편하다.

> ✅ 광고 홍보를 하고, 텔레마케팅을 통해서 어렵게 방문을 유도했으면, 정계약을 할 수 있도록 최선을 다해야 한다. 처음 방문에 정계약이 어렵다면 가계약이라도 해서 재방문 때 계약 전환하는 것이 좋다. 가계약금을 100만 원으로 하고, 카드 결제할 수 있게 하면 가계약을 늘리는 데 도움이 될 수 있다.

03

2024년 경상남도 사례

광역시가 아닌 지방 중소 도시는
파격적인 조건과 지원이 있어야
영업조직을 모을 수 있다

2023년부터 분양시장도 위기가 찾아왔다. 전국 미분양이 급증했는데, 그 원인은 고분양가와 투자 수요 위축에 있다. 세계적으로 코로나19 팬데믹에 따른 경기침체를 극복하기 위해 경기부양책을 사용한 결과, 인플레이션 위기감으로 기준 금리를 급격히 인상했다. 이는 주택사업에서 PF대출 금리 상승에 따른 금융비용 증가로 사업성 악화를 초래했다. 또한, 러시아-우크라이나 전쟁과 미국-중국 무역 갈등의 장기화, 중동 분쟁의 확전 등으로 원자재 수급 환경 악화 및 가격 상승, 최저 임금 인상에 따른 인건비 상승으로 공사비가 증가했다. 금융비용과 공사비 증가는 고분양가로 분양할 수밖에 없는 상황이 되었고, 기존 주택의 시세보다 비싼 고분양가 및 경기 불황에 따른 투자 수요 위축으로 미분양이 급증한 것이다.

미국의 인플레이션율이 안정화를 찾아가면서 미국과 유럽 국가들이 기준 금리를 인하했지만, 국내 상황은 가계부채 관리를 위해 속도를 조절하고 있다.

고분양가와 투자 수요 위축에 따른 미분양을 해소하기 위해서 조직 분양 영업이 전국적으로 실시되자, 영업직원의 공급보다 수요가 많아지면서 모집 경쟁이 치열해졌다. 일명 '영업직원 모셔 오기'라는 말이 나올 정도다. 과거 2012~2015년과 달리 영업조직의 조직력은 약해지고, 돈을 벌 수 있는 현장만 우르르 쫓아다니는 모래알 조직이 되었다.

영업직원을 모집하기 위해서는 돈을 벌 수 있는 현장이라는 인식이 생겨야 하는데, 수도권과 지방의 분양시장은 양극화가 심해지고 있다. 수도권은 2023년 5월에 저점을 찍은 후 회복은 부진했었는데 미국의 금리 인하에 따라 한국의 기준 금리 인하 기대감이 커졌고, 서울을 중심으로 최근 2~3년간 공급 부족에 따른 향후 가격 상승을 전망하는 사람이 많다. 대세 상승장의 초입이라고 인식이 확대되면서 투자 수요가 증가하고 있다. 투자 수요 증가는 미분양 판매에도 직결되어 초기 분양률이 낮은 현장도 조직 분양 영업직원들 투입 후 3~6개월 내 분양이 100% 완료되고 있다.

그러나 지방은 상황이 전혀 다르다. 아직도 시세는 하락 중이며, 언제 저점을 찍고 회복할 수 있을지 예측하기 어렵다. 또한, 인구 감소에 따른 지방 소멸이 큰 화두가 되면서 지방 주택에 대한 투자는 위험하다는 인식이 확대되고 있다. 투자 수요 감소는 미분양 판매에도 직결되어 실수요만으로 분양률을 높이는 데 한계가 있다. 초기 분양률이 낮은 현장은 준공 때까지 분양해야 하는 상황으로 가고 있다. 이를 방지하기 위해서 파격적인 판촉을 앞다투어 시행하는 현장이 늘어나고 있다. 분양가 원금 보장제, 해지 조건부 계약, 계약금 그대로 페이백 등 투자자의 투자 위험을 최소화하고 사업 주체가 그 위험을 떠안는 고육지책이다. 이 정도 판촉이 아니면 투자자를 모을 수 없고, 투자자가 관심이 없으면 영업조직을 모을 수 없다.

지방 중에서도 광역시는 그나마 상황이 낫다. 기본적으로 지역 내 활동하는 영업직원이 있어서 그 안에서 경쟁하기 때문이다. 그러나 중소 도시는 절대적인 경제활동 인구가 적어서 지역 내 영업직원이 부족하다. 영업직원을 모집하기 위해서는 인근 광역시의 영업직원을 섭외해야 한다. 여기서 큰 어려움이 생긴다. 첫째, 광역시를 벗어나서 중소 도시까지 가서 일하기를 원하지 않는다. 둘째, 수도권과 달리 출근 시간이 30분이 넘어가면 심리적 거리감이 크다. 수도권은 1시간 내이면 출근에 부담을 느끼지 않는 것과 차이가 크다. 셋째, 광역시에 미분양이 늘어나면서 파격적인 판촉을 시행하는 현장이 많다. 지방이 그보다 더 파격적인 판촉을 시행하기는 현실적으로 어렵다.

결국 지방에서 영업직원을 모집하기 위해서는 판촉 조건은 파격적이어야 한다. 또한, 영업직원 지원은 경쟁력 있는 수수료, 일비 지원 외에 숙소비 또는 교통비 지원, 실적 인센티브 등 동기부여가 수반되어야 한다. 필자도 경상남도 중소 도시에서 영업조직 섭외를 위해 직접 여러 본부장을 미팅했으나 부산광역시의 영업조직이 중소 도시로 오는 것을 꺼려서 팀장 설득과 팀원 모집이 너무 어렵다는 말을 자주 들었다.

☑ 지방 중소 도시에서 영업조직을 섭외하기 위해서는 파격적인 판촉 조건은 필수다. 그 외에 수수료와 인센티브, 광고 홍보 지원, 일비 외 숙소비 등 지원이 있어야 한다. 지방은 공급 부족이 심해서 실수요로만 채울 수 있는 지역이 아니면 사업을 자제하는 게 좋고, 꼭 분양해야 한다면 충분한 판촉 예산을 확보해야 한다.

CASE

63

판촉 변경 중에는 조건부 가계약을 하지만, 중간에 굳히기를 해야 깨지지 않는다

미분양 판매 속도를 높이려면 판매 촉진을 해야 한다. 판촉은 시공사 내부 품의와 시행사 및 대주단 협의가 필요하다. 판촉 강도에 따라 예산이 얼마나 필요하고 사업 수지상 이익의 감소가 얼마나 되는지, 혹시 손실이 발생하지는 않는지에 따라 판촉 가능 여부가 달라진다. 사업 수지에 영향이 큰 판촉은 내부 품의보다 시행사, 대주단 협의에 더 어려움이 있다. 그만큼 협의 기간도 길어진다.

분양소장은 내부 품의가 어느 정도 진행되면, 판촉 시행 직후에 실적이 나올 수 있도록 조건부 가계약을 받는다. 만약 판촉이 확정되지 않으면 위약금 없이 해제한다는 내용이다. 여기서 주의할 점은 가계약 상태로 너무 시간이 흐르면 정계약으로 전환율이 떨어진다는 점이다.

가계약을 할 때는 정계약할 생각을 했지만, 1~2주가 지나면서 가족,

친척, 지인, 동료들에게 상의하게 된다. 이런저런 조언을 듣게 되는데, 그중에 계약을 말리는 사람이 꼭 있어서 불안감을 증폭시킨다. 계약 의사는 일단 보류가 되고, 점점 계약 포기로 변하기 쉽다. 의사결정을 할 때, 확신을 갖지 못한 상태에서 불안감이 생기면 변화를 선택하기보다 현실에 안주하려는 경향이 더 강하기 때문이다.

판촉 변경을 진행하는 기간에는 정계약할 수 없기에 어쩔 수 없이 가계약으로 끌고 가야 하지만, 그 기간은 짧을수록 좋다. 특히, 최대 2주를 넘기지 않는 게 중요하다. 2주가 넘어가면 가계약이 깨질 확률이 매우 높다. 고객은 가계약할 때 설득된 마음이 정계약 때까지 그대로 이어져야 하는데, 시간이 지날수록 외부요인에 의해 흔들리기 때문이다. 가계약을 한 후 일주일이 되었다면 한 번 더 모델하우스 방문을 유도해서 간단한 판촉물을 주면서 계약 의사를 유지할 수 있도록 굳히기에 들어가야 한다. 가계약을 했다고 안심하고 무한정 방치하면 절대 안 된다. 가계약 일로부터 정계약 전환일이 멀어질수록 전환율은 떨어진다는 걸 명심하자.

드디어 판촉 변경이 되었으면 신속하게 정계약으로 전환해야 한다. 이제부터는 속도전이다. 기존 가계약은 정계약으로 전환하고, 신규 방문 상담은 바로 정계약으로 진행하면서 속도를 높여야 한다. 신규 고객을 가계약 후 정계약으로 전환하는 것은 한 템포가 늦어지므로 지양해야 한다. 계약금을 1,000만 원 미만으로 낮추는 방법이 도움이 된다. 수도권에서는 상담받고 바로 1,000만 원 입금하는 데 저항이 상대적으로 적지만, 지방 중소 도시에서는 저항이 있어서 계약금을 더 낮추는 게 좋다.

– 판촉 협의 중 –

"소장님, 조건부 가계약은 쌓이고 있는데 정계약으로 전환이 늦어져서 초기 가계약이 흔들리고 있습니다."

"앗, 안 되는데. 몇 세대나 깨질 거 같은가요?"

"지금 확인된 세대는 5세대인데, 정계약 전환 일정이 계속 늦어지면 깨지는 세대가 추가로 늘어날 수 있습니다."

"최대한 판촉이 빨리 확정될 수 있도록 노력하고 있습니다. 조금만 더 힘내서 관리합시다."

"네, 알겠습니다."

"중간에 방문을 유도해서 판촉물이라도 주면서 관리를 하는 게 좋겠습니다."

"네, 그렇게 하겠습니다."

– 판촉 확정 –

"본부장님 드디어 판촉이 확정되었습니다. 이제 속도를 높여야 합니다. 오늘 정계약 전환 예정이 몇 세대죠?"

"3세대 있습니다."

"혹시 계약 일정이 변경되거나 계약을 포기하지 않도록 집중적으로 관리해야 합니다."

"네, 알겠습니다."

"본부장님, 마감 시간이 얼마 남지 않았는데 아직 계약이 1세대만 되었네요. 다른 세대는 어떻게 진행되고 있어요?"

"소장님, 죄송합니다. 1세대는 일정을 다시 잡아야 하고, 다른 1세대는 깨졌습니다."

"그렇다면 일정을 다시 잡은 1세대도 불투명한 거죠?"

"네, 그럴 수도 있습니다."

"가계약자를 판촉 확정 전에 방문 유도해서 변심하지 않도록 관리하라고 했는데, 제대로 안 한 거죠?"

"나름대로 관리를 한다고 했는데도 쉽지 않았습니다."

"큰일입니다. 오늘부터 가계약 세대 전부 전화해서 전환 일정과 포기 여부 확인하세요."

"네, 알겠습니다."

☑ 분양률을 높이기 위한 판촉은 쉽지 않다. 판촉 집행에 따른 사업 이익의 감소가 커서 시행사, 대주단 협의가 길어질 경우, 조건부 가계약을 받을 수밖에 없다. 판촉이 빨리 확정되면 좋겠지만, 그렇지 못한 경우는 고객의 방문을 유도해서 굳히기 작업을 계속 진행해야 깨질 확률이 낮아진다. 가계약이 모두 정계약으로 전환될 거라고 안심하고 있다가 실제로 전환율이 낮아서 좌절할 수 있으니 꼭 명심하자.

인간 큐레이션의 차별성 : 스포티파이의 플레이리스트 'Rap Caviar'

'Rap Caviar'는 음악 스트리밍 스포티파이의 대표적인 힙합 플레이리스트이다. 투마 바사(Tuma Basa)가 직접 큐레이션을 했고, 이 플레이리스트는 1,200만 명이 팔로잉할 정도로 힙합 팬들 사이에서 큰 인기를 끌었다. 투마 바사는 스포티파이에서 2015~2018년까지 활동한 후 유튜브로 떠나고, 칼 체리(Carl Chery)가 랩 캐비아(Rap Caviar)를 맡았다.

1. Rap Caviar의 차별성

① **큐레이션의 전문성** : 투마 바사는 힙합 커뮤니티에서 잘 알려진 인물로, 그의 음악적 안목과 네트워크는 'Rap Caviar'의 신뢰성을 높였다. 단순한 알고리즘 기반의 추천과 차별화되었다는 점이 특징이다.

② **최신 트렌드 반영** : 'Rap Caviar'는 최신 힙합 트렌드를 빠르게 반영해, 사용자들이 항상 최신 음악을 접할 수 있게 했다. 이는 힙합 팬들이 새로운 음악을 발견하고자 할 때 가장 먼저 찾는 플레이리스트로 자리 잡았다.

③ **독점 콘텐츠** : 스포티파이는 종종 'Rap Caviar'를 통해 독점적인 음악이나 아티스트 인터뷰, 비하인드 스토리 등을 제공해 사용자들에게 특별한 경험을 제공했다.

2. Rap Caviar의 성공 요인

① **강력한 브랜드 이미지** : 'Rap Caviar'는 단순한 플레이리스트를 넘어 하나의 브랜드로 자리 잡았다. 이는 사용자들이 이 플레이리스트를 신뢰하고 계속 찾게 만드는 중요한 요소가 되었다.

② **커뮤니티와의 소통** : 투마 바사는 소셜미디어를 통해 사용자들과 적극적으로 소통하며, 피드백을 반영해 플레이리스트를 업데이트했다. 이는 사용자들이 자신이 참여하고 있다는 느낌을 받게 해서 충성도를 높이는 역할을 했다.

③ **데이터 기반의 큐레이션** : 스포티파이는 방대한 사용자 데이터를 분석해, 어떤 곡이 인기를 끌고 있는지, 어떤 곡이 사용자들에게 더 많이 재생되는지를 파악한다. 이를 통해 'Rap Caviar'는 사용자들의 취향을 정확히 반영할 수 있다.

④ **프로모션과 협업** : 스포티파이는 'Rap Caviar'를 다양한 마케팅 캠페인과 연계해 프로모션을 진행했다. 예를 들어, 유명 아티스트와의 협업이나 이벤트를 통해 플레이리스트의 인지도를 높이는 마케팅을 했다.

3. 유사 서비스와의 비교

① **알고리즘 vs 인간 큐레이션** : 많은 음악 스트리밍 서비스는 알고리즘 기반의 추천 시스템을 사용하지만, 'Rap Caviar'는 인간 큐레이터의 전문성을 강조한다. 이는 사용자들에게 더 개인화된 경험

을 제공한다.

② **커뮤니티 중심의 접근** : 'Rap Caviar'는 단순히 음악을 제공하는 것을 넘어, 힙합 커뮤니티와의 긴밀한 연결을 유지했다. 이는 사용자들이 더 깊이 있는 음악 경험을 할 수 있게 도와주었다.

③ **브랜드와의 연계** : 'Rap Caviar'는 스포티파이의 브랜드 이미지와 강하게 연계되어 있어, 스포티파이의 다른 서비스와 시너지를 발휘했다. 이는 사용자들이 스포티파이의 다른 기능이나 서비스를 더 많이 이용하도록 만들었다.

> ✔ AI가 전 분야에서 인간의 역할을 대신하고 있는 상황에서 알고리즘이 아닌 전문가의 큐레이션을 차별성으로 내세운 'Rap Caviar'의 성공은 의미가 크다. 물론, 'Rap Caviar'는 큐레이션의 차별성 외에도 최신 트렌드를 반영하고, 독점 콘텐츠를 제공하며, 강력한 브랜드 이미지를 형성했고, 커뮤니티와의 소통을 통해 고객과 공감대를 형성했다. 이러한 요소들이 결합해 'Rap Caviar'는 힙합 팬들 사이에서 독보적인 위치를 차지하게 되었다.

PART
06

준공 후 미분양 판촉

2009~2010년
부산광역시, 경상남도 사례

2009년 부산, 경남 지역 분양소장으로 근무했을 때의 일이다. 부산과 김해와 진주의 현장을 담당했다. 김해 지역 현장은 준공 후 미분양 세대를 4년간 임대를 놓고 분양 전환해야 하는 상황이었고, 진주 지역 현장은 주상복합 아파트였는데, 준공 후 1년이 지나서 공실인 상황이었다.

준공 후 미분양 판촉에서 중요한 점은 첫째, 수요 발굴이다. 준공될 때까지 분양이 안 되었다면 수요가 부족하다는 뜻이다. 수요 발굴에 집중해야 하고, 개별 판촉을 통해서 수요자의 자금 사정에 맞춰야 한다. 추수가 끝난 논밭에서 이삭을 줍는 간절한 마음이 필요하다.
둘째, 할인 판촉은 세대별 안배가 중요하다. 매출 감소를 동반하므로 할인 판촉은 한도가 있다. 할인 예산(비용)을 효율적으로 안배해서 세대별 가격 저항감을 최소화해야 한다.

CASE
64

분양 전환 계약의
1차 타깃은 임차인이다

2009년, 김해시의 임대 중인 아파트를 분양 전환할 때의 일이다. 준공 후 4년이 지났고, 금융위기의 여파로 주택시장의 침체가 지속되어 분양가 대비 인근 시세가 회복되지 않았다. 임대는 완료되어 공실은 없었다.

"팀장님, 벌써 준공 4년 차라서 이번에는 분양 전환을 마무리해야 하는 상황입니다. 먼저, 임차인 중에서 분양 희망 세대를 확인하고 부동산 우군화 진행하시죠."

"네, 알겠습니다. 임차 세대 중 만기가 임박한 세대부터 성향 파악하겠습니다. 단지 내 부동산 중개사무소와 인근 부동산 중개사무소에 방문해서 친분을 쌓고 있습니다."

"좋습니다. 임차인이 분양 전환을 받으면 MGM 비용이 절감되니까 그만큼 계약자 혜택으로 제공한다고 안내하세요. 투자자 모집도 쉽지 않고, 퇴거하고 분양하려면 도배나 마루도 새로 해야 하고, 파손 등 점검해서 보증금에서 차감하려면 분쟁이 생길 수 있습니다. 임차인이 분양받는 게 여러모로 일 처리도 깔끔하고, 부수적인 문제 발생 소지도 없습니다. 임차인에게 분양 전환에 집중합시다."

"네, 알겠습니다. 임차인 상담에 집중해야 하니까 임차인이 방문할 수 있는 시간대로 근무 시간을 조정하겠습니다. 평일에는 오전에 늦게 출근하고 저녁에 늦게까지 상담하고, 주말에도 상담하도록 하겠습니다."

"네, 그렇게 해주세요. 임차인을 대상으로 얼마나 분양 전환을 하느냐가 관건입니다."

"사전에 임차인 상담을 해보니 주거 만족도가 높은 편이었습니다. 계약할 수 있는 유인책만 있으면 상당수 분양받을 것 같습니다."

"네, 다행입니다. 이번에 만기가 도래하면 임대차 계약 연장을 하지 않는다는 점을 강조해서 분양받지 않으면 이사해야 한다는 점을 인식시켜주세요. 그리고 임차인이 인근 부동산 중개사무소에 문의하고 상담받을 가능성이 크니까. 부동산 중개사무소에서 부정적인 의견을 말하지 않도록 계속 관리하세요."

"네, 알겠습니다."

"외부 홍보 및 수요 발굴은 임차인 대상 분양 전환이 모두 끝난 후에 잔여 세대를 대상으로 진행하겠습니다."

준공 후 임대 중인 아파트는 분양 전환할 때 어려움이 많다. 임차인이 분양받으면 다 해결되지만, 임차인이 퇴거해야 하는 상황이 되면, 시공상 하자인지, 임차인의 파손인지, 임대보증금에서 얼마를 차감해야 하는지, 자연 마모로 봐야 하는 범위와 원상복구 범위는 어떻게 할지 등 임차인과 갈등을 초래할 사항이 많다. 분양자로서도 회사에서 분양하는 아파트라는 점에서 일반 매매와는 다르다고 인식하는 경향도 있다. 임차인이 최대한 분양받을 수 있도록 방안을 마련하는 게 최선의 판촉이다. 김해에서는 영업팀의 노력으로 60% 이상 임차인이 분양받았고, 나머지 세대도 단지 내 부동산 중개사무소의 협력으로 잘 마무리할 수 있었다.

> ✅ 임대 중인 아파트를 분양할 때는 임차인에게 혜택을 줘서 분양 전환 받도록 유도해야 한다. 신규 수요 발굴을 위한 판촉과 별도로 광고 홍보비, 도배나 마루 등 수선 비용, MGM 등을 고려한 임차인 대상 판촉을 추가로 마련하는 게 바람직하다. 임차인에게 '임차인 특별혜택'이라는 점을 강조해서 영업하면 단시간에 분양 실적을 올릴 수 있다.

CASE
65

시행사와 판촉 협의가
중요하다

2009년, 진주시의 주상복합 아파트를 담당했을 때의 일이다. 준공 후 1년이 지났는데 미분양이 50~60평대이고, 분양가도 지역 내 최고가라서 가격 저항감이 컸다. 진주시의 자산가를 중심으로 마케팅을 진행했지만, 그들도 상담 결과는 비싸다는 반응이 많았다.

"팀장님, 다행히 시행사와 10% 할인 판촉 협의가 잘 되었습니다. 가계약한 세대들 계약 진행하세요."

"네, 알겠습니다."

10% 할인 판촉의 효과로 미분양이 점차 소진되고 있었다.

"팀장님, 10% 할인 판촉의 효과가 있네요. 가계약이 늘어나고 있으니 몇 달 안에 마무리할 수 있겠습니다. 혹시 특이 사항이 있나요?"

"네, 시행사에서 도장을 찍어줘야 하는데, 처음에는 잘 찍어주다가 요즘에는 이런저런 핑계를 대면서 잘 안 찍어주고 있습니다."

"그래요? 알겠습니다. 제가 가서 만나보겠습니다."

- 시행사 대표실 -

"대표님, 안녕하세요. 오랜만에 뵙습니다."

"네, 소장님. 안녕하세요. 어쩐 일로 오셨나요?"

"대표님, 바쁘신데 간단하게 말씀드리겠습니다. 지난번에 판매 촉진을 위해서 10% 할인한 금액으로 분양하는 걸로 협의했습니다. 영업을 열심히 해서 판매가 이루어지고 있는데, 시행사 도장 날인이 좀 지연되고 있습니다. 하루이틀 지연이 되면서 계약이 깨지는 상황이 종종 발생하고 있어서 협조 말씀드리러 왔습니다."

"10% 할인 안 해도 잘 팔 수 있는데. 왜 할인을 하려고 합니까?"

"대표님, 아시다시피 진주에서 최고가입니다. 아무리 고급 아파트라고 해도 평거동보다 1억 원이 더 비쌉니다. 진주에 부자인 분들이 있어서 영업하고 있는데, 그분들도 비싸다고 말씀하십니다. 준공 때까지 안 팔려서 10% 할인 판매하는 것으로 동의하셨는데, 그렇게 말씀하시면 곤란합니다."

준공 후 미분양이 많이 있을 때는 어렵게 할인 분양에 동의했지만, 정작 할인 분양으로 실적이 나오자, 시행사에서는 욕심이 생겼다. 5%만 할인해도 계약이 가능할 테니 할인율을 낮추자는 태도다. 계약서를 작성하고 마지막에 시행사 도장을 받아서 계약을 완료해야 하는데, 도장을 찍지 않아서 분양에 차질이 발생하고 있었다.

"대표님, 지금 과도하게 할인하는 게 아닙니다. 10% 할인을 해도 진주 시내에서 최고가입니다. 지금 팔릴 때 팔아야지, 시장 분위기가 달라지면 나중에는 할인율을 높여도 안 팔립니다."

"헐값에 팔려고 하니까 그러는 거죠. 5% 이상은 할인 안 됩니다. 소장님, 5%만 할인해도 팔 수 있을 겁니다. 진주에서 도심에 있는 최고급 아파트니까 최고가인 게 당연하지요. 10% 할인하면 시행사가 남는 게 없어요. 5%만 하세요. 10% 할인하면 도장 안 찍을 겁니다."

"대표님, 지금 이미 10% 특별 할인 판매로 광고가 다 나가고 상담했는데 말을 바꾸시면 고객과의 신뢰가 깨집니다. 5% 할인으로는 판매가 중단될 수 있습니다."

"왜 해보지도 않고 그렇게 말합니까? 5% 할인으로 팔아보세요. 더 이상 할 말 없습니다. 돌아가서 열심히 파세요."

"지역 사회에서 유지분들하고 유대가 있으신 분이 그렇게 말을 바꾸시면 신뢰를 잃습니다. 판매가 안 되면 대표님이 태도를 바꿔서 그렇다는 점을 꼭 기억하세요."

시행사 대표의 입장이 너무 완강해서 도저히 협의가 되지 않았다. 결국 기존의 가계약 대부분이 깨지고, 분양 실적은 급격히 감소했다. 결국 더 이상 분양계약을 못 하고 임대로 방향을 바꿔서 진행했고, 미분양을 모두 임대한 후 2년 후에 분양 전환에 들어갔지만, 준공 3년 차가 되어 신규 아파트보다 경쟁력이 떨어지고, 고령 인구가 많은 진주에서 분양 수요를 구하기 어려워서 결국 15~20% 할인 분양을 해서 미분양을 소진했다.

☑ 미분양 판촉은 타이밍이 중요하다. 적절한 시기에 진행해서 분양을 마무리 해야 하는데, 판촉 비용을 줄이려고 하다가 나중에는 판촉 비용을 더 써도 분양이 어려운 경우가 빈번하다. 가망 수요가 있을 때, 관심 수요가 있을 때 시행사와 잘 협의해서 판촉을 진행해야 하고, 실적이 나온다고 해서 판촉이 과하다고 단정하면 안 된다. 실적이 나온다고 해서 갑자기 판촉 조건을 축소 하면 결국 '소탐대실(小貪大失)'하는 결과를 낳는다.

CASE
66

분양가 부담이
낮은 세대부터 소진된다

2009~2010년 부산 해운대구의 주거용 오피스텔 분양할 때의 일이다. 준공 후 2년이 지났고, 50~60평대 미분양인데 전용면적이 85m^2 초과라서 바닥 난방이 안되는 단점이 있다. 위치는 지하철 역세권이라서 좋지만, 평형대가 너무 크고, 인근 아파트 매매 시세가 아직 회복하지 못하고 있던 시기라서 수요 발굴이 어려웠다. 오피스텔은 아파트 매매 시세가 올라가야 대체 투자 상품으로 관심이 생기는 태생적인 한계가 있다.

"팀장님, 할인 판촉을 무한히 할 수 없어서 할인 총액을 안분해서 적용해야 하는데 어떻게 하는 게 효율적일지 고민이 많습니다."
"소장님, 동일 평형 기준으로 고층과 저층의 분양가 차이가 약 1억원 정도 납니다. 또한, 동일 평형 같은 층 기준으로 조망이 좋은 동과그렇지 않은 동의 동별 차이가 약 1억 원 정도 됩니다. 동일 평형에서 조망이 가능한 동의 고층과 조망이 없는 동의 저층의 분양가 차이가 2억 원 정도 됩니다."

"맞습니다. 시행사에서 분양가를 책정할 때, 분양 전문가의 의견이 반영되지 못한 것 같습니다. 조망에 대한 프리미엄, 고층에 대한 프리미엄을 너무 과도하게 책정했습니다. 할인율을 차등 적용해서 가격 저항감을 줄이는 게 좋겠습니다."

"네. 아무리 조망이 있다고 해도 너무 비싸면 접근하기 어렵습니다. 인근 아파트 매매 시세와 비교해도 비쌉니다."

분양 판촉을 검토할 때 층, 향, 조망 등에 따라 분양 가능성 등급을 A, B, C로 나누어 할인율을 차등 적용한다. 보통 판매 난이도가 A 〈 B 〈 C 식이라서 할인율도 C등급이 제일 높게 책정하는 게 일반적이다. 그러나 이 현장에서는 A등급과 C등급의 최초 분양가의 차이가 너무 커서 반대로 적용해서 가격 차이를 줄이는 방식을 도입했다. 가격 부담이 적은 C등급부터 판매가 되었고, C등급 물량이 모두 소진되자 B등급, 다음에 A등급 순으로 판매가 진행되었다. 그렇지만 A등급 판매에는 오랜 시간이 걸렸다. 아무리 역세권이고 조망이 좋더라도 평형대가 커서 절대적인 수요가 적고, 가격 저항감이 크면 수요를 발굴하기가 어렵다.

> ☑ 분양가 책정을 할 때, 지나치게 차등을 두어 가격 저항감이 크면 아무리 조망이 좋고, 고층이라고 하더라도 수요를 발굴하기 어렵다. 특히, 주택시장 침체기라서 수요 발굴이 어려울 때는 가격 부담이 적은 물량이 먼저 판매될 수 있다. 입지나 상품보다 가격이 절대적으로 우선인 시기다.

02

2012년
대구광역시 사례

　부산, 경남 지역 현장을 담당하고 있다가 2012년에 대구로 발령
나서 대구에서 근무했을 때 일이다. 대구 주택시장은 2011년부터
본격적인 회복세로 접어든 부산 주택시장보다는 회복이 더딘 상황
이었다. 그동안 쌓인 미분양이 서서히 소진되고 있었지만, 속도가
느렸고, 장기 침체의 여파로 준공 미분양은 건설회사에서 임대하고
2년 또는 4년 후에 분양 전환하는 시기였다. 필자는 서구의 한 현
장을 담당했었는데, 그 현장은 약 2,000세대의 대규모 단지인데 미
분양이 40~60평대 대형 평형만 남아 있고, 이미 준공 후 3년이 지
났다. 2년간 임대 후 일부는 분양 전환했고, 일부는 재임대, 일부는
공실인 상태였다.

CASE
67

임차인을 우호적으로
만들어라

대구로 발령받고 난 후, 그동안의 계약 실적 추이를 살펴보니 40평대 초반 물량이 소진되면서 월별 분양 실적이 급격히 감소하고 있었다. 내가 팔아야 할 물량은 40평대 후반부터 60평대였다. 분양대행사 팀장과 회의하면서 판매 실적 감소의 원인을 분석하고 대안을 찾으려고 노력했다.

"팀장님, 최근에 분양 실적이 많이 줄었는데 주된 이유가 뭔가요?"

"네, 소장님, 최근에 40평대 초반이 다 팔려서 50평대를 판매해야 하는데 50평대는 수요가 부족해서 실적이 많이 떨어졌습니다."

"50평대는 아무래도 수요가 적긴 하겠죠. 그런데 40평대 후반 8세대가 있는데, 그 세대는 왜 안 팔리고 있나요?"

"그 세대는 저층, 동향 세대라서 선호도가 낮아서 그렇습니다."

"아무리 저층, 동향 세대라도 50평대보다는 먼저 팔리는 게 맞을 거 같은데 혹시 다른 이유는 없나요?"

"음. 전세가가 싸니까 임차인들이 임대로 계속 살고 싶어서 그런지 집에 없다는 핑계를 대면서 집을 보여주지 않는 이유도 있습니다."

"그래요? 그러면 임차인이 집을 보여주게 만들면 되겠네요."

"네, 그렇긴 한데. 자주 찾아가서 부탁해도 협조가 잘 안 됩니다."

"그것은 빈손으로 가서 그렇습니다. 40평대 후반을 먼저 판매하는 것을 목표로 하고 임차인들이 집을 보여줄 수 있게 선물을 줍시다. 한국도자기의 반상기 세트를 대량으로 구매하겠습니다. 그걸로 설득해보세요."

"네, 알겠습니다."

"반상기 세트는 대량 주문하면 할인을 많이 해줘서 가성비가 좋아요. 임차 중인 세대 전체 숫자만큼 주문할 겁니다. 그리고 집 보러 가기 2~3일 전에 선물을 갖다주세요. 너무 미리 갖다주면 효과가 떨어집니다."

"네, 알겠습니다."

- 2주일 후 -

"소장님, 소장님 말씀대로 3일 전에 선물 갖다주니 8세대 모두 집을 보여줘서 다 분양했습니다."

"네, 수고하셨습니다. 이제 50평대도 열심히 팔아봅시다."

"네, 알겠습니다. 이렇게 문제를 해결해주시니 저희도 힘이 납니다. 감사합니다."

"50평대 판매하면서도 어려운 점이나 문제가 생기면 언제든지 즉시 알려주세요. 함께 고민하면서 해결책을 찾아봐요."

"네, 알겠습니다. 꼭 그렇게 하겠습니다."

40평대 후반과 50평대 임대 중인 세대 60세대를 대상으로 선물을 주기 위해 정가 15만 원인 반상기 세트(24p)를 약 50% 할인받아서 8만 원에 구매했다. B2B 계약으로 싸게 구매할 수 있었다. 임차인에게 집을 보러 가기 2~3일 전에 세대 방문해서 반상기 세트 선물을 주니까 임차인들이 고마워하면서 집을 보여주었고, 그동안 안 팔리던 40평대 후반 8세대는 선물을 준 후 2주 내로 다 판매할 수 있었다.

> ☑ 준공 미분양 세대를 임대 후 분양 전환할 때는 임차인의 협조가 필요하다. 임차인이 우호적이지 않으면 우호적으로 만들어야 한다. 반상기 세트는 많이 팔리는 품목이 아니라서 대량으로 구매하면 할인율이 높다. 내 돈 주고 사기에는 아깝지만, 선물로 받으면 기분 좋은 품목이라서 잘 활용하면 도움이 된다.

CASE
68

고객의 관심을 유도해서
수요를 발굴하라

대구에서 미분양 추가 판촉을 준비하면서 기존 판촉의 효과성을 분석해본 결과, MGM 마케팅이 비용 대비 효과가 낮았다. 추가 판촉 비용을 받기 어려운 상황에서 기존 판촉을 변경해서 다른 판촉으로 전환을 고민해야 할 상황이었다. 요즘 같으면 조직 분양 영업으로 전환했겠지만, 그 당시는 조직 분양 영업이 없었기에 데스크 영업에 부동산 MGM이 일반적이었다. 결국 효과가 낮은 부동산 MGM 비용을 계약자 혜택으로 전환하는 판촉으로 결정했다.

"팀장님, 부동산 영업은 어떤가요? MGM이 효과가 작아 보이네요."

"소장님 말씀이 맞습니다. 인근 부동산 중개사무소들이 소개하는 건수가 많지 않습니다. 문의하는 고객들 자체가 적고, 부동산 중개사무소도 전세나 월세 위주로 맞추는 상황입니다."

"그러면 MGM을 없애고 계약자 혜택을 주는 방향으로 진행하는 게 좋겠습니다. 어차피 실수요시장이니 그게 더 영향력이 있겠어요."

"계약자 혜택이면 어떤 방식을 생각하시나요?"

"가전제품을 주면 어떨지 합니다. 보통 이사할 때 새 제품을 구매하니까 우리가 가전제품을 선물로 주는 거죠. 주부들의 결정권이 크니까 주방가전에서 김치냉장고하고 드럼세탁기가 어떨지 합니다."

"좋은 것 같습니다. 그러면 홍보 문구를 좀 자극적으로 1+1행사로 하면 어떨까요?"

"좋은 아이디어입니다. 호기심을 유발할 수 있겠어요. 설마 아파트 한 채 사면 두 채 준다고 이해하지는 않겠죠."

"네, 잘 설명하면 될 거 같습니다. '집 + 가전제품'을 의미한다고 설명하면 그걸로 문제 삼지는 않을 겁니다."

"좋습니다. 가전제품은 제조사와 협의해서 단가 협의해보겠습니다. 즉시 현수막 시안 작업 진행하시고, 지정 게시대 섭외해보세요."

"네, 알겠습니다. 상담직원들 교육도 바로 진행하겠습니다."

LG전자 본사 B2B 담당자와 협의해 할인된 금액에 납품 계약을 체결했다. 김치냉장고와 드럼세탁기 최신 제품을 약 300만 원에 납품받기로 했고, 분양 계약서 작성 시 LG전자에 보낼 배송의뢰서에 계약자 서명을 받아서 전달하면, LG전자 담당자와 계약자가 배송 일정을 협의해서 직접 배송받는 방식으로 진행했다. 결재는 월 단위로 세금계산서를 발행하고, 제품은 고객에게 직접 배송하는 방식으로 협의했다. 가전제품 증정 판촉 내용은 잔여 세대 전체를 대상으로 했고, 누구나 알 수 있도록 광고해서 진행했기 때문에 판촉으로 인정되어 경품과 달리 제세공과금은 문제가 되지 않는다. 판촉과 홍보 효과는 만족스러웠다. MGM 예산을 고객 혜택으로 전환해 시행한 후 고객 인바운드 숫자가 시행 전보다 2배 이상 늘었고, 월 계약 실적도 직전 6개월 평균 대비 160%로 늘었다.

> ☑ 부동산 MGM이 효과가 없을 때는 고객 혜택으로 전환하는 방법도 생각하라. 고객에게 필요한 혜택, 관심을 끌 수 있는 홍보 문구도 중요하다. 이슈가 없는 단지에서 수요를 발굴하기 위해서는 고객의 관심을 유도하고, 고객이 매력을 느낄 수 있는 혜택을 제공해야 한다.

CASE
69

불리한 상황에서도 유리한
해결책을 찾아라

실수요시장에서 공실이 없으면 분양에 지장이 있다. 투자 수요는 임차인이 있어도 갭 투자를 하지만, 대구는 그렇지 못한 상황이었다. 더구나 준공 3년 차 대형 평형은 아무도 투자 가치가 있다고 생각하지 않았다. 결국, 임대 세대와 공실 세대가 병존하는 상황에서 분양률을 높이는 데 가장 적합한 방법이 무엇인지 고민해야 하는 상황이었다. 적극적으로 고민하지 않고 가만히 놔두면 언제 팔릴지 장담할 수 없었다. 공실을 인위적으로 만들어서 분양하는 방법을 떠올려서 도입했다.

"소장님, 50평대 공실을 다 판매해서 이제 공실은 60평대 밖에 없습니다. 실수요자 시장이라서 투자 수요는 없는데 공실이 있는 60평대는 수요가 없고, 50평대는 공실이 없습니다."

"실수요자는 공실인 세대를 계약해서 입주할 수 있겠죠? 그러면 공실을 만들어봅시다."

"살고 있는 임차인을 강제로 쫓아낼 수는 없는데요."

"그럼요. 강제로 내보낼 수 없죠. 스스로 이사 갈 수 있게 만들어줘야죠."

"50평대 임대 세대의 임대 만기가 6개월에서 1년 남았죠?"

"네, 대부분 그 정도 남았습니다."

"내일 임대 세대에 더 이상 임대차 계약 연장은 안 된다는 내용의 공문을 보내겠습니다. 그러면 다음 주에 분양팀에서 임대 세대에 TM을 하세요. 60평대 공실로 이사를 하면 새로 2년 계약해서 임대로 거주할 수 있다고 안내하세요. 보증금 차이도 2,000만 원이니까 큰 부담은 없을 겁니다."

"네, 알겠습니다. 개인이 임대하는 아파트보다 전세가가 싸니까 이사하는 수요가 일부 있을 것 같습니다. 좋은 생각입니다."

"네, 갈등이 생기지 않을 정도로 설득해보세요."

예상대로 50평대 임차인 중 약 20세대가 60평대로 이사했고, 공실이 된 50평대는 20세대는 한 달 안에 모두 판매할 수 있었다. 투자 수요가 없는 실수요 지역에서는 공실이 없으면 공실을 만들어서 팔아야 한다.

> ☑ 시세 하락으로 파격적인 할인을 하지 않으면 판매가 어려운 단지는 임대 후 분양 전환을 한다. 분양할 수 없어서 임대를 놨지만, 임대 만기 전에 분양 전환을 하고 싶다. 실수요시장에서는 임대 중인 세대는 판매가 어렵다.

CASE
70

임대와 분양,
동시에 진행할 수도 있다

판매자의 상황과 구매자의 상황은 다르다. 정해진 계약 조건이 있지만, 문제의 소지가 없다면 구매자의 상황을 고려해서 계약 조건 변경도 고민해야 한다. 준공 후 미분양은 수요 발굴이 정말 어려워서 상담 고객 한 명, 한 명이 너무나 소중하다. 고객의 긴박한 상황에 잘 대처해서 임대와 분양 계약을 동시에 진행한 적이 있다.

"소장님, 고객님이 당초에 이사할 집 계약이 깨져서 3주 후에 살던 집을 비워줘야 할 상황인데, 60평대는 너무 커서 분양받기 싫고, 50평대는 있으면 계약하겠답니다. 그런데 50평대는 공실이 없습니다. 저번에 50평대에서 60평대로 임차인을 이동시켜서 더 이상 이사할 세대가 없습니다."

"그래요? 음. 3주 후면 시간이 없네요. 고객님도 긴박한 상황이니 협상의 여지가 있겠네요."

"네 고객도 공실이 아니면 당장 입주가 어렵기 때문에 저희가 제시하는 조건이 어느 정도 수긍할 수 있으면 받아들일 것 같습니다."

"그러면 고객님에게 1년간 60평대에 임대로 거주하고, 1년 후에 50평대로 이사해도 되는지 협의해보세요. 만약 승낙한다면 임대차(50평대)는 1년 기간으로 계약체결하고, 동시에 분양 계약은 계약금만 받고 잔금을 1년 후에 이사할 때 받는 걸로 진행하겠습니다. 임대보증금은 분양 잔금의 일부로 대체하면 됩니다. 본사 결재는 제가 책임지고 받겠습니다."

"네, 알겠습니다."

- 고객 상담 후 -

"고객님이 승낙했습니다. 분양, 임대 계약하겠다고 합니다. 그런데 조건이 있답니다. 1년간만 60평대에서 임대로 살고, 1년 후에는 분양받은 50평대 집에 입주할 수 있다는 내용을 보장받고 싶다고 합니다."

"어떻게 보장해달라는 건가요?"

"확인서를 작성해달라고 합니다."

"네, 알겠습니다. 그건 어렵지 않습니다. 분양소장의 직인을 찍어서 확인서 발행하겠습니다. 그러면 오늘 분양과 임대 계약 모두 체결하는 거죠?"

"네, 맞습니다."

고객은 3주 후 이사해야 하는 급박한 상황이라서 임대로 1년 거주한 후에 다시 이사해야 하는 번거로움이 있지만, 길거리에 나앉을 상황이 올 수도 있기에 승낙하고 임대차 계약과 분양 계약을 모두 체결했다. 1

년 후에 임대차 종료하고 분양 세대로 입주할 수 있도록 협조한다는 확약서를 써달라고 해서 필자는 흔쾌히 확약서를 작성해서 발급해주었다. 공실이 없어서 다른 집을 알아볼 수도 있었던 고객인데, 절충안을 떠올려서 분양과 임대 실적을 동시에 이루었다.

> ☑ 고객의 상황과 회사의 상황이 맞지 않는다고 포기하지 말자. 절충안을 고민해서 협의하면 좋은 결과를 얻을 수 있다. 놓칠 뻔한 고객이 분양과 임대 계약 모두 체결해 일석이조로 실적을 올리기도 한다.

CASE
71

고객 상황에 맞게
계약 조건을 변경하라

　고객의 경제적 상황에 맞춰 계약 조건 변경이 필요할 때는 위험성이
적은 방법이 무엇인지 고민해야 한다. 그래야 계약 조건 변경 보고를
승인받기 쉽다.

　"소장님, 고객님이 지금은 계약금 1,000만 원밖에 없다고 하시면서,
2차 계약금을 잔금으로 미뤄주면 계약할 수 있다고 합니다. 계약금을
줄일 수 있을까요?"

　"계약금은 위약금 문제도 있어서 5%는 받아야 합니다. 다른 방법을
먼저 고민해보는 게 좋겠어요. 다른 특이 사항은 없나요?"

　"잔금은 3개월 후로 계약을 진행하고 있는데 2개월 후에 잔금 납부
하고 입주할 수 있다고 하십니다."

　"그러면 이렇게 진행하면 어떨까요? 1차 계약금 1,000만 원은 계약
할 때 입금하고, 2차 계약금은 1개월 후에 받는 조건인데, 2차 계약금

을 1개월 미뤄줘서 2개월 후에 2차 계약금을 받는 걸로 하는 겁니다. 대신 잔금은 계약일로부터 3개월 그대로 진행하면 계약금 5% 조건을 유지하면서 2차 계약금 납입 일정만 1개월 더 배려하는 거죠. 물론 2개월 후에 잔금 납부하고 입주하는 건 문제없으니까요."

"네, 좋은 생각입니다. 잔금 납부에 대해서 선납 할인은 적용하지 않으니 2개월 후에 2차 계약금하고 잔금을 동시에 납부하고 입주하면 되겠네요."

"그렇죠. 2차 계약금 일정 조정은 제가 책임지고 결재를 받겠습니다. 고객이 변심하기 전에 빨리 가계약부터 진행하시죠."

"네, 알겠습니다."

당장 계약금이 1,000만 원밖에 없는 고객은 약정 변경이 안 되면 다른 아파트를 알아보려고 했었는데, 일주일 내에 우리 단지 아파트 분양 계약을 체결하고 2개월 후에 잔금 완납하고 입주했다. 계약금을 5%에서 1,000만 원으로 줄이는 것은 여러 가지 위험을 동반하는 조건 변경이다. 그러나 2차 계약금 납부 일정을 계약일로부터 1개월 후에서 2개월 후로 1개월 연기해주는 것은 약정 조건 변경이라기보다는 약정 일정 변경이므로 위험성이 훨씬 적다.

> ✅ 수요가 부족할 때는 고객의 자금 상황을 최대한 고려해서 맞춤형으로 조건 변경도 필요하다. 이때 위험을 최소화하는 범위 내에서 조건 변경 방법을 찾는 것이 중요하다. 특히, 계약금을 낮추는 변경은 신중해야 한다. 계약금이 너무 적으면 잔금 연체나 해약의 위험성이 높아진다.

03

2015~2020년
경기도 사례

CASE
72

매수자의 손실 회피 성향을
이해하고 강조하라

김포시에서 근무할 때의 일이다. 해당 단지는 골드라인 역세권으로 입지가 우수하지만, 김포 주택시장이 침체기라서 분양에 어려움이 많았던 단지다. 미분양 판매 속도가 너무 느려서 여러 번의 추가 판촉을 시행했고, 마지막 미분양 세대에 대해 환매조건부 분양 판촉까지 시행했다. 필자는 준공 후 1년이 지난 시점에 환매조건부 분양 세대를 마무리하는 역할을 담당하게 되었다. 김포시 주택시장이 매매 시세 등락이 심한 편이라서 하락기에는 분양이 어렵다. 준공 전까지 판촉을 진행하면서 세대별 판촉 조건이 일곱 가지나 있는 복잡한 상황이었다. 판촉 조건은 잔금 유예, 잔금 이자 대납, 취득세 지원, 2년 후 환매 조건(Risk-Free) 등이 평형별, 층별로 다양하게 조합되어 있었다. 판촉 대상은 30평대 후반에서 40평대 후반이고, 환매조건부 분양 판촉은 40평대 후반 세대 중 일부였다.

"팀장님, 환매조건부 분양 판촉 세대의 환매권 행사 시점이 6개월 정도 남아 있습니다. 최대한 소유권을 취득해서 확정할 수 있도록 상담해 주세요.

"네, 알겠습니다. 현재 입주 시점보다 10~15% 정도 실거래가 상승이 있었으니 가격 상승 추세를 강조하면서 환매권 행사보다 소유권 취득을 확정해서 보유하는 게 더 이익이라고 상담하겠습니다."

"네, 최근에 시세가 상승 중인 점을 충분히 설명하시고, 추가로 약정서에 따라 환매권 행사를 하면 반환해야 하는 지원금에 대해서 마지막에 꼭 강조하세요. 손실 회피 성향이 있어서 환매를 신청하면 지원받은 취득세는 반환해야 한다는 내용을 마지막에 강조하는 게 효과적입니다."

"네, 알겠습니다. 그렇게 하겠습니다."

환매조건부 분양 세대는 분양자가 환매권을 행사하면 사업 주체가 재취득해야 하므로 환매권을 행사하지 않고 소유권 취득을 확정하도록 설득해야 한다. 분양자를 대상으로 개별 상담을 반복적으로 진행하면서 국토교통부 실거래가 자료, KB부동산의 주간 아파트 매매 가격지수 추이 등 데이터 분석자료를 설명해 향후 매매 시세 상승 가능성이 크다는 점을 이해시켰다.

또한, 만약 환매권을 행사하면 약정서에 따라 즉시 취득세 지원금을 반환해야 한다는 점을 강조했다. 결국 환매조건부 분양 판촉 세대 모두 환매권을 포기하고 소유권을 확정적으로 취득했다. 일부 세대는 도저히 자금 여력이 부족한 상황이라서 인근 공인중개사와 협력해서 매수인을 구해주었다.

사람들은 손실 회피 성향이 강하다는 연구 사례를 소개하겠다.

삼촌이 조카 두 명에게 용돈을 주는 상황이다. A에게는 1만 원을 주었고, B에게는 2만 원을 주었다가 잠시 후에 1만 원을 다시 돌려받았다. A는 1만 원이 생겨서 기분 좋아했다. 그러나 B는 2만 원 받아서 좋았는데, 다시 1만 원을 돌려줘야 하는 상황이 되자 1만 원을 빼앗긴 걸로 생각해서 기분이 별로 좋지 않았다. 삼촌은 A와 B에게 똑같이 1만 원의 용돈을 줬지만, 용돈을 받는 상황이 달라서 A와 B의 기분은 달랐다.

> ☑ 투자자 중에는 손실 회피 성향이 강한 사람이 많다. 같은 금액의 이익과 손실이 발생할 수 있을 때 손실에서 더 큰 고통을 느끼기 때문에 손실을 줄이는 선택을 한다. 투자에서 수익 창출보다 손실 회피를 더 중요하게 생각하기 때문이다. 이런 성향을 이해하고 설득해야 한다. "이 아파트를 취득하면 앞으로 얼마를 벌 수 있을 겁니다"보다 "지금 취득하지 않으면 당장 얼마의 손해를 봅니다"가 더 설득력이 있다.

쿠어스 라이트 맥주 : [한정판] 오타니 쇼헤이 'HITS THE SPOT'

출처 : CoorsLight 인스타그램

오타니 쇼헤이(大谷 翔平)는 2024년 54홈런, 59도루를 기록해 MLB 통산 최초로 50홈런-50도루 기록을 세웠다. 슈퍼스타가 된 오타니 쇼헤이의 에피소드를 활용한 창의적인 광고 마케팅이 2023년에 있었다.

2023년 8월 26일 LA 에인절스(Los Angeles Angels)와 뉴욕 메츠(New York Mets)의 경기 중 오타니 쇼헤이가 친 파울볼이 메츠 시티필드 LED 전광판을 맞췄다. 당시 미국 맥주 쿠어스 라이트(Coors Light) 캔 광고가 나오고 있었는데, 공이 전광판 왼쪽 위에 맞아서 그 부분 조명이 꺼지고 검은색 네모로 바뀌었다. 오타니 쇼헤이가 다음 타석에 나왔을 때 전광판 운영사가 전광판에 "We're sending you the bill for that, Shohei(너에게 청구서를 보낼게, 쇼헤이)", "Please don't break anything else, Shohei(더 이상 아무것도 부수지 말아줘, 쇼헤이)"라는 메시지를 띄웠다.

출처 : CoorsLight 인스타그램

그 후 쿠어스 맥주는 'HITS THE SPOT(여기를 맞춰)'이라는 문구와 함께 왼쪽 윗부분에 검은색 네모를 넣은 디자인을 소셜미디어에 올렸고, 미국 야구팬들의 폭발적인 반응이 일어났다. 이는 오타니 쇼헤이의 고향인 일본에서도 관심이 폭발적으로 증가했고, 쿠어스 라이트는 이 기회를 활용해서 일본시장에 최초로 쿠어스 라이트 맥주를 런칭할 수 있었다. 일본시장에서의 성공은 세계시장으로의 진출에 발판이 되었다.

드디어 9월 5일 한정판 맥주를 출시했고, 한정판 디자인을 활용한 광고도 진행했다. 한정판 맥주는 하루 만에 완판되었다. 그야말로 대박이 났다. 이 광고는 2024년 칸 국제광고제에서 금상을 수상하는 영광을 얻었다.

출처 : CoorsLight 인스타그램

쿠어스 라이트의 마케팅 성공은 맥주 자체의 맛과 품질이 아니다. 돌발 상황을 센스 있게 활용하는 창의적인 사고와 신속한 대응, 스토리텔링을 접목한 맥락이 있는 캠페인을 통해서 구매 욕구를 자극했다는 점에 있다.

☑ 마케팅은 스토리텔링과 맥락이 있을 때 고객이 공감하고, 전파되는 파괴력이 강력하다. 종종 발생하는 전광판 손상을 어떻게 마케팅 소재로 활용했느냐가 중요하다. 물론 오타니 쇼헤이라는 슈퍼스타의 파울볼이라는 점이 화제성을 증폭시킨 것도 사실이다.

PART
07

미분양 상가 판촉

CASE
73

상가는 적정 규모로 구성하고,
아파트 분양이 성공한 후에
분양해야 한다

아파트는 착공 후 바로 선분양을 진행한다. 수분양자로부터 계약금, 중도금을 받아서 PF대출 이자와 공사비 등을 집행하기 위해서다. 그러나 아파트의 상가는 통상적으로 준공 6개월에서 1년 전에 분양한다. 상가는 아파트와 달리 중도금대출이 안 된다. 그리고 상가 계약자는 자금을 투자하면 바로 수익이 실현되어야 하므로 계약금, 중도금을 납부하면서 기다릴 여유가 없다.

단지 내 상가는 특별한 사항이 없으면 6개월 전에 분양한다. 아파트의 복리시설에 해당해 주택 공급에 관한 규칙의 적용을 받는다. 주택 공급에 관한 규칙 제2조에 따라 주택 및 복리시설의 분양 또는 임대 시 적용한다. 상가의 공급 방법이나 호실별 분양가는 제한이 없다. 수의계약, 입찰 모두 가능하다. 분양가도 내정가를 공개나 비공개, 모두 가능하다. 통상적으로 내정가 비공개, 최고가 입찰제 방식을 많이 시행한다. 아파트 단지 규모 대비 적정 규모이면, 필수 근린 생활 업종만으로 채울 수 있다. 보통 공인중개사 사무소, 편의점, 세탁소, 미용실, 카페나 빵집, 무인점포, 분식집 등으로 채워진다.

단지 내 상가의 적정 규모는 회사별 기준이 다르지만, 아파트 세대당 상가 전용면적은 0.3평 정도가 무난하다. 1,000세대 단지라면 단지 내 상가는 전용면적 300평이 적정하다. 1층은 호실당 전용면적 10~15평, 2층 이상은 호실당 전용면적 20~25평으로 구획하므로 1층으로만 구성된 상가는 20~30개 호실로, 1층과 2층으로 구성된 상가는 16~22개 호실 정도로 구성된다.

주상복합 아파트 상가와 같이 규모가 클 경우는 MD 계획, 상 환경 계획을 미리 준비해서 아파트 분양과 동시에 진행하거나 아파트 분양이 거의 끝나갈 때부터 분양을 시작한다. 상가 규모가 커서 단기간에 분양을 완료하기 어렵기 때문이다. 주상복합 상가는 건축물 분양에 관한 법률[5]이 적용되는 경우가 많으며, 분양가를 정해놓고 신청을 받아서 추첨하는 방식으로 진행한다. 주상복합 상가는 규모에 따라 대형 마트나 쇼핑몰을 유치하거나 대형 프랜차이즈를 입점시키기 위해 노력한다. 자영업자의 리테일 업종만으로는 많은 상가 면적을 채우기 어렵기 때문이다. 최대한 수분양자를 모집하지만, 일부 호실은 키 테넌트(Key Tenant) 또는 앵커 테넌트(Anchor Tenant)를 먼저 임차로 유치한 후 투자자를 모집하기도 한다. 상가 활성화를 위해 고객을 끌어모을 수 있는

---

5) 건축물 분양에 관한 법률 제3조 제1항에 따라 분양하는 부분 바닥면적의 합계가 3,000㎡ 이상인 건축물과 업무시설, 오피스텔(30실 이상), 생활 숙박시설(30실 이상 또는 건축물 연면적 1/3 이상), 임대 후 분양 전환 조건 임대를 하는 건축물에 관해 적용한다.

핵심 점포가 많이 입점해야 다른 상가도 활성화될 수 있기 때문이다.

주상복합 상가의 적정 규모는 마음대로 정할 수 없다. 주거와 상업 비율에 맞춰야 하는데 경기도와 지방은 주거용 오피스텔도 상업시설에 포함해주는 지역이 많아서 최대한 주거용 오피스텔로 설계하고 상가 규모를 줄일 수 있다. 그러나 서울은 주거용 오피스텔을 상업시설로 포함해주지 않는 경향이 있어서 쉽지 않다.

상가의 분양 시기는 아파트 분양률을 고려해서 진행해야 한다. 일반 아파트뿐만 아니라 주상복합 아파트도 상가보다 아파트를 먼저 분양하는데, 아파트 분양이 빨리 마무리되면 상가도 순조롭게 분양을 진행할 수 있다. 그러나 아파트 분양률이 낮아서 미분양을 판매하고 있다면, 인기가 없는 단지, 선호도가 낮은 단지로 이미지가 형성될 수 있다. 이는 상가 분양에도 좋지 않은 영향을 미친다. 결국 상가 분양 시기를 앞당기고 싶어도 단지 내 상가는 준공 6개월 전까지 분양 시기를 미뤄야 한다. 주상복합 상가는 어쩔 수 없이 아파트 미분양 판매와 병행하게 되지만 시너지를 기대하기는 어렵다. 오히려 아파트와 상가의 영업조직을 따로 운영하기 때문에 투자자를 유치하는 과정에서 갈등이 발생할 수도 있다. 아파트 분양을 빨리 끝내고 상가 분양에 집중하는 게 바람직하다.

> ☑ 아파트의 상가는 단지 내 상가와 주상복합 상가로 구분할 수 있다. 단지 내 상가는 적정 규모로 설계하는 게 중요하고, 주상 복합 상가는 주거용 오피스텔이 상업시설로 인정받을 수 있으면 주거용 오피스텔을 최대한 많이 구성해서 상가 규모를 줄일 필요가 있다. 적정 분양 시기는 아파트 분양을 빨리 완료한 후가 좋은데, 미분양이 많이 남았다면, 단지 내 상가는 준공 6개월 전에, 주상복합 상가는 아파트 분양과 병행한다.

미분양 상가 판촉으로
임대수익 보장제를 활용할 수 있다

상가를 분양할 때 최초로 분양받는 사람은 대부분 공인중개사나 투자자들이다. 일반 자영업자가 모집공고를 직접 확인하고 입찰하는 경우는 거의 없다. 그 이유는 일반 자영업자들은 모집공고를 확인해서 신규 분양받을 생각을 하지 않기 때문이다. 창업을 결심하면 바로 계약하고 내부 시설 공사를 시작할 수 있는 준공된 상가를 알아보고, 매수보다는 임차로 들어간다. 창업 비용이 많이 발생하므로 상가 매수 비용은 큰 부담이고, 영업이 실패했을 때 상가 자체도 처리하기 곤란하다.

상가를 분양받는 투자자의 페인 포인트(Pain Point)는 공실에 따른 투자 수익률 하락이다. 아파트 투자보다 상가 투자는 위험성이 높다. 임대 사업자등록을 하고 사업자대출을 받아서 분양 대금을 납부한다. 상가는 한번 공실이 발생하면 장기 공실로 이어질 우려가 있다. 공실이 생기면 수입은 없는데 지출(대출 이자, 관리비, 재산세 등)이 발생한다. 투자 수익률은 마이너스가 되고, 손해를 감수하더라도 팔아야 할지 깊은 고민에 빠지게 된다. 이런 고민에 도움을 주는 판촉으로 임대수익 보장제를 활용할 수 있다.

임대수익 보장제는 통상 1~2년 동안 최소한의 임대수익을 보장하는 제도이다. 영업팀은 분양계약 후 임차인 구하는 것을 적극적으로 지원한다. 인근 공인중개사와 협업해서 임차인을 구한다. 만약 임대차 계약이 늦어지더라도 분양팀에서 약속한 임대수익을 보장한다. 임차료 대신 판촉 비용을 수분양자에게 지급한다. 차후에 임차인을 구해서 임대차 계약을 체결했으나 만약, 임차료가 보장한 임대수익보다 적으면 영업팀에서 부족한 차액을 지급한다. 영업팀은 초반에 월 단위로 지급하다가 영업팀이 분양이 완료되어 철수할 시점이 되면, 보장제 잔여 기간의 금액을 일시에 지급하고 철수하기도 한다.

투자자는 영업팀에서 최소한의 수익률을 보장하므로 투자 손실 위험을 낮출 수 있다. 투자자의 최소 투자 수익률을 맞춰주는 방식인데, 투자 수익률은 시중금리의 영향을 받으므로 임대수익 보장제 적용 후 금리가 상승하면 투자자가 불리하고, 금리가 하락하면 투자자가 유리하기도 하다. 그러나 임대수익 보장제는 임시방편이다. 근본적으로 임차인을 구해서 정상적인 임대차 계약을 체결해서 수익이 발생해야 한다.

그러나 임차인을 구했다고 해서 끝이 아니다. 임차인이 입점했더라도 임차인의 영업이 잘되어야 한다. 임차인이 임대차 기간 만기에 계약갱신청구권을 사용하면 나중에 임차료를 더 올려받지 못할 수도 있으니, 임차인의 영업이 적당히 잘되어야 한다고 말하는 투자자가 혹시 있을지도 모르겠다. 그러나 그것은 불필요한 행복한 고민이다. 만약 임차인의 영업이 잘 안 되어 폐업하는 일이 반복되면 일명 '장사가 안되는 상가, 입점하면 망하는 상가'로 낙인찍힐 수 있다. 그런 소문이 나면 아무도 임차하려고 하지 않아서 장기 공실로 방치되기 쉽다. 투자자가 생각하고 싶지도 않은 최악의 상황으로 진행될 수도 있다.

> ☑ 미분양 상가의 판매 촉진을 검토할 때는 투자자 관점에서 생각해야 한다. 투자자는 공실 위험과 투자 수익률이 중요하다. 임대수익 보장제를 적용하면 최소 임대수익을 보장하기 때문에, 일정 기간 공실이라도 최소한의 수익은 보장되며 임차인을 구할 시간적 여유가 있다는 점에서 투자자 모집에 도움이 될 수 있다.

상가는 호실별 컨디션에 따라 렌트 프리, 핏 아웃, 인테리어 또는 관리비 지원 등을 활용할 수 있다

상가는 입지가 가장 중요하다. 배후 인구, 유동 인구, 접근성 등이 중요한데, 상가를 분양하는 단계에서는 입지는 이미 정해져 있다. 상가 전체의 입지가 중요하지만, 상가 내에서도 호실별 컨디션이 다르다. 상가의 호실별 위치(코너, 전면, 후면), 형태(전면부 폭, 정방형, 이형), 공간 활용성(내부의 기둥, 테라스), 노출성(통유리, 간판의 크기와 위치, 전면부 수목·화단), 설비(수전, 엘리베이터, 환기 시설, 냉난방) 등이 모두 다르다.

아파트는 타입별로 같은 상품이며, 단순히 층과 향에 따라 선호도의 차이가 있을 뿐이다. 그렇기에 대체할 수 있다. 임차인을 구할 때도 임차 조건이 같다면 고층이 저층보다 먼저 계약될 뿐이지, 기다리면 저층 차례가 온다. 주거 상품이라서 한번 결정하면 계속 거주한다.

그러나 상가는 거주 상품이 아니다. 영업 공간이다. 호실별로 영업에 유리한 정도가 달라서 어느 호실에서 영업하느냐에 따라 매출과 수익이 다르다. 코너 호실을 전면 호실이 대체할 수 없고, 전면 호실을 후면 호실이 대체할 수 없다. 결국 호실별 등급을 나누어 등급별로 분양가, 임대가를 책정한다. 차등 적용하더라도 수분양자 또는 임차인을 구하기 어려운 경우가 많다. 이럴 때 판촉을 검토하는데, 분양가 할인이나 임대료 인하 대신 렌트 프리(Rent Free), 핏 아웃(Fit out), 인테리어 비용지원, 기본 관리비 지원 등을 활용할 수 있다.

렌트 프리는 임차인을 모집할 때 초기 비용을 줄여주기 위해 시행한다. 월 단위로 3~12개월이 일반적이다. 임대료를 낮추지 않고 렌트 프리를 해주는 이유는 두 가지가 있다.

첫째, 2년 후 또는 만기 연장 시 임대료 인상에서 차이가 있기 때문이다. 상가 임대차보호법상 임대료 인상에 제한이 있다. 임차인에게는 조삼모사지만 혜택을 받는다는 점에서 의미가 있다. 물론 임차인은 협의를 통해서 임대료를 낮추고자 노력한다.

둘째, 매각 시 투자 수익률을 높이기 위해서다. 임대차 기간 2년이고, 임대료 월 300만 원이 기준인데, 250만 원으로 50만 원을 인하하면 2년간 임대 수입은 1,200만 원 줄어든다. 그런데 월 300만 원을 유지하고 렌트 프리 4개월을 적용해주면 2년간 임대 수입은 똑같다. 그러나 투자 수익률을 산정할 때 월 300만 원과 월 250만 원은 차이가 크다. 투자금이 2억 원이고, 대출 이자가 월 200만 원이라면 투자 수익률은 6%와 3%로, 두 배 차이가 난다.

핏 아웃은 내부 인테리어 공사하는 기간에 월 임대료를 받지 않는 방법이다. 그동안 관리비는 납부해야 한다. 인테리어 공사는 업종에 따라 브랜드에 따라 규모가 다르고, 공사업체의 일정에 따라 실행기간이 다르다. 임차인이 인테리어 공사업체의 견적을 받아서 공사 일정표를 확정한 후 정확히 그 기간만큼 적용하는 경우는 흔치 않다. 핏 아웃을 판촉으로 적용하기 때문에 통상적으로 1~2개월 정도 기간을 정해서 일률적으로 적용한다.

인테리어 비용 지원은 키 테넌트 또는 앵커 테넌트를 유치하기 위해서 수분양자가 지원하는 경우가 많다. 스타벅스와 같은 프랜차이즈 브랜드는 고객이 검색해서 찾아올 수 있는 매장이다. 기본적으로 매출이 잘 나와서 공실이 발생할 위험이 적다. 안정적인 임대 수입을 기대할 수 있다는 점에서 선호도가 높은 임차인이다. 또한, 모객을 할 수 있어서 다른 업종 상가의 입점이나 영업에도 도움이 될 수 있다.

기본 관리비 지원은 관리비 중 사용요금에 해당하는 개별 전기요금 등은 제외하고 공통 관리비에 해당하는 기본 관리비를 일정 기간 지원하는 방식이다. 렌트 프리보다 약한 판촉이라서 단독보다는 렌트 프리와 함께 적용하는 경우가 많다.

> ☑ 상가는 호실별 선호도나 매출 차이 커서 호실별 컨디션에 따라 렌트 프리, 핏 아웃, 인테리어 비용 지원, 관리비 지원 등 판촉을 활용하면 효과가 있다. 임차인 관점에서는 임대료 인하가 제일 좋지만, 투자자 관점에서는 임대료는 끝까지 사수해야 한다는 점에서 이러한 판촉이 임차인을 모집하기 위한 대안으로 활용될 수 있다.

장기 공실 상가는 경매,
공매 방식도 활용할 수 있다

상가는 활성화가 안 되면 장기 공실이 될 수 있다. 장기 공실이 되면 최초 분양가로는 어림도 없고, 할인 분양을 해야 한다. 더구나 후면 호실과 같이 선호도가 낮은 호실은 준공 후 몇 년이 지나도 매수 문의 한 번 없는 경우가 허다하다. 이 정도 되면 골칫거리가 되고, 최초 분양가에서 50% 이상 할인을 해도 판매가 쉽지 않다. 잔여 호실이 많지 않으면, 판매할 분양대행사도 구하기 어렵다. 이때 경매나 공매를 활용할 수 있다.

경매는 지지옥션에 의뢰하는 방식이다. 저당권자나 전세권자가 담보물권을 실행해 진행하는 법원 경매가 일반적이지만, 공실 상가를 지지옥션에 의뢰해 경매를 진행할 수 있다. 단점은 경매를 진행해도 별도로 홍보를 진행하지 않으면 입찰이 없고, 계속 유찰만 반복된다는 점이다. 여러 경로를 통해서 투자자나 수요자에 대한 홍보가 필수적으로 수반되어야 한다.

공매는 온비드(www.onbid.co.kr) 사이트를 활용한 방식이다. 온비드 공매는 매우 다양하다. 물건도 토지, 주택, 상가, 업무시설과 같은 부동산뿐만 아니라 동산, 기타 자산도 있다. 자산의 종류도 국유재산, 압류재산, 수탁재산, 금융권 담보재산 등이 있다. 금융권 담보재산이 신탁공매인데, 시행사가 PF대출을 상환하지 못하면 미분양 아파트에 대해서 신탁 공매를 진행하는 경우가 많이 생기고 있다.

법원 경매는 감정가를 최저입찰가로 설정한다. 유찰되면 최저입찰가를 80~85%로 낮추고, 매각기일은 약 1개월 뒤로 진행한다. 그러나 신탁 공매는 최저입찰가를 감정가의 120% 수준으로 설정한다. 유찰 시 최저입찰가와 매각기일은 의뢰자가 정할 수 있는데, 신탁 공매는 통상적으로 유찰되면 최저입찰가를 85~90%로 낮추고, 매각기일은 약 일주일 뒤로 짧게 잡는다.

장기 공실 상가를 공매로 진행한다면, 최저입찰가는 최초 분양가로 하고, 매각기일을 여유 있게 설정하고 유찰 시 최저입찰가도 90% 정도로 잡는 게 좋겠다. 모든 일이 첫술에 배부를 수 없듯이, 공매를 활용하는 방법은 판매를 위한 대안 중 하나에 불과하다. 너무 큰 희망이나 기대는 나중에 큰 실망으로 돌아올 수 있다.

☑ 장기 공실 상가를 판매하기 위해서는 파격적인 할인이 필수적이다. 파격적으로 할인해도 안 팔린다면 경매나 공매를 활용할 수 있다. 그러나 일반인들에게 경매나 공매는 익숙하지 않기 때문에, 큰 기대는 하지 않는 것이 좋다. 밑져야 본전이라는 마음으로 해볼 수 있는 정도다.

CASE
77

상가는 먼저 공실 해소에 집중한 후
분양 전환해야 한다

2015~2017년 평택시의 단지 내 상가를 분양할 때의 일이다. 평택시는 여러 택지지구의 신규 아파트가 많아서 구도심은 주거 선호도가 낮고, 상권도 형성되지 않고, 기존의 상권도 폐업률이 높아지는 상황이었다.

해당 상가는 외부 환경이 좋지 않다. 단지 서쪽에는 1호선 지상 철로로 동선이 단절되어 있고, 남쪽에는 고가 차도가 있고, 고가차도를 지나면 논밭이 있어서 주거지가 연결되지 않으며, 동쪽에는 영구임대 아파트(월세 10만 원 수준)가 있어서 배후 인구의 구매력이 낮다. 막다른 골목 끝에 있는 상가로 비유할 수 있다.

더구나 평택 미군 부대에 근무하는 외국인의 임차계약이 많아서 입주민의 거의 절반은 미군이었다. 미군들은 군부대 내 면세점을 이용하기 때문에 단지 내 상가를 이용하지도 않았다. 정주 인구와 유동 인구가 모두 부족한 열악한 상황이라서 판매 대상 16개 호실 중 13개 호실이 공실이고, 3개 호실은 임대 중이었다. 분양대행사의 제안서를 받아 보면 30~40% 할인에 수수료 등 비용을 포함하면 50% 정도 할인 비용이 발생했기에 결국 분양소장이 직접 인근 중개사무소를 돌아다니면서 판매하는 상황이 되었다.

"사장님, 안녕하세요? 잘 지내시죠? 매매나 임차 문의가 있나요?"

"소장님, 안녕하세요? 매주 오시는데 매번 박카스 안 사 오셔도 됩니다. 어쨌든 잘 마시겠습니다. 마침 어제 다녀간 임차 손님이 있습니다."

"네, 저희 상가 보시고, 특별히 요청한 사항이 있었나요?"

"네, 인테리어 공사비용이 들어가다 보니 보증금을 5,000만 원에서 3,000만 원 이하로 낮추고 싶다고 하는데 가능할까요?"

"보증금을 최소화하면 24개월분 월세 정도로 할 수 있는데, 월세가 120만 원이니까, 24개월분이면 2,880만 원이 나오니 3,000만 원에 가능하겠습니다. 보증금을 조정하는 보고를 완료하면 다시 연락드리겠습니다. 일단 조건부 가계약을 먼저 추진하시죠. 그런데 임차하는 분이 하려는 업종이 뭔가요?"

"피자가게를 개업하려고 한답니다."

"네, 혹시 프랜차이즈 브랜드인가요?"

"아니요. 프렌차이즈는 아닌 거 같아요."

"네, 알겠습니다. 가계약 일정 잡아서 연락해주세요. 그때 다시 뵙겠습니다. 감사합니다."

담당하는 상가의 매수나 임차에 관심 있는 손님이 있는지 매주 인근 중개사무소를 방문한다. 방문할 때는 박카스 한 박스씩 드리는 것도 잊지 않는다. 상권이 형성되지 않아서 매매나 임차 수요가 부족한 지역이다. 이런 지역에서 중요한 것은 수요 선점이다. 수요를 선점하기 위해서는 보증금이나 임대 기간 등 임차인의 상황에 맞추어 적극적으로 조정해야 한다. 공실 해소에 집중한 결과, 8개월 만에 공실 13개 호실을 모두 임대로 채우고, 그 후에는 분양 전환에 집중할 수 있었다.

약 2년 6개월간 분양소장으로 근무하면서 미분양 16개 호실 중 11개 호실을 분양 전환했다. 미용실, 피자가게, 제과점, 꽃집, 사무실 등은 임대 계약기간 2년으로 계약하고, 오피스텔 홍보관도 유치해서 6개월 단기임대로 계약하면서 공실을 줄이는 데 집중했다. 일단 공실이 없어지니 기존 임차인들도 임대차 계약 만기에 계약 연장했고, 수익률에 맞추어 분양 전환에 집중할 수 있었다.

> ☑ 상가는 자영업자가 분양받아서 개업하거나 투자자가 임차인이 있는 상가에 투자하는데, 투자자 비율이 훨씬 높다. 준공 후 상가는 분양하려면 먼저 임대를 맞춰야 한다. 공실은 분양하기 어렵다. 임차인을 구하기 위해서는 렌트프리, 핏 아웃 등을 최대한 활용하고 월세 금액 할인을 최소화해야 한다. 그래야 임대수익 환산법으로 판매가를 산출했을 때 분양가 할인율을 낮출 수 있다.

분양 업무를 맡아서 해보면 쉬운 듯, 어려운 듯하다. 분양 업무를 할 때는 청약 제도는 기본이고, 연관되는 대출(LTV, DTI, DSR)이나 세금(취득세, 재산세, 종합부동산세, 양도소득세, 증여세 등)에 관한 사항도 기본적인 내용은 숙지하고 있어야 한다.

분양시장이 호황일 때는 주택 공급에 관한 규칙만 잘 이해하면 높은 청약률로 자연스럽게 분양이 완료된다. 참 쉽다. 더구나 분양대행사가 함께 업무를 처리하기 때문에 한결 마음이 편하다.

그러나 분양시장이 불황일 때는 청약만으로 분양이 완료되지 않는다. 선착순 분양 때부터 미분양을 어떻게 팔아야 할지 고민이 생긴다. 미분양 판매 실적을 높이기 위해서는 판촉이 필수인데, 판촉을 시행하려면 비용이 든다. 판촉비로 지출이 늘어나면 사업 수지가 나빠지기 때문에 결재받기가 어렵고, 판촉 비용이 너무 많으면 욕을 먹을 수도 한다. 그뿐만이 아니다. 판촉에는 항상 목표 분양률을 정해서 달성해야 하는데, 목표를 설정할 때는 현실적인 목표보다는 의지가 반영된 다소 높은 목표일 때가 많다. 판촉을 결재받으면 목표 달성에 대한 압박이 바로 시작된다.

시장 상황은 계속 변한다. 국내 경기 침체가 더 악화할 수도 있고, 가계부채를 관리한다는 명분으로 대출 규제가 더 강화될 수도 있다. 경쟁사가 더 강력한 판촉을 시행해서 경쟁에서 밀릴 수도 있다. 공교롭게도 판촉을 시행한 지 얼마 지나지 않아서 이런 상황이 발생하면 난감해진다. 판매 속도가 줄어들고, 추가 판촉을 도입하기에는 너무 이르다. 실적 압박은 더 강해지는데, 시장 상황의 변화를 설명하면 실적 속도가 떨어지니 자신감이 없어서 변명이나 늘어놓는다고 할 수도 있다.

분양시장의 불황을 경험한 분양소장은 다시 불황이 찾아와도 나름대로 본인의 경험을 되살려서 대응할 수 있겠지만, 그렇지 않은 분양소장은 하루하루가 힘들 것이다. 아무리 고민해도 명쾌한 해답을 찾기 어렵고, 한두 번 보고했다가 질책을 받으면 쉽게 움츠러들게 마련이다.

이런 분양소장들을 위해서 필자가 약 15년간 분양 업무 중 경험한 내용을 공유하고자 했다. 개인적인 경험과 생각이므로 정답이라고 말할 수 없을지 모른다. 그러나 힘든 시기를 경험하면서 중요하다고 생각하는 점과 주의해야 할 점을 소개했으므로 이 책을 읽으면서 불필요한 시행착오를 조금은 줄일 수 있으리라 기대한다.

분양 마케팅의 神

제1판 1쇄 2025년 1월 29일

지은이 권소혁
펴낸이 한성주
펴낸곳 ㈜두드림미디어
책임편집 최윤경
디자인 노경녀(nkn3383@naver.com)

㈜두드림미디어
등 록 2015년 3월 25일(제2022-000009호)
주 소 서울시 강서구 공항대로 219, 620호, 621호
전 화 02)333-3577
팩 스 02)6455-3477
이메일 dodreamedia@naver.com(원고 투고 및 출판 관련 문의)
카 페 https://cafe.naver.com/dodreamedia

ISBN 979-11-94223-42-9 (03320)

**책 내용에 관한 궁금증은 표지 앞날개에 있는 저자의 이메일이나
저자의 각종 SNS 연락처로 문의해주시길 바랍니다.**